« C'EST ÇA LES VACANCES ? »

Et pourtant... ils reviendront l'an prochain !

Illustration de couverture : Gérard Chevalier

ISBN : 978-2 95867-880-7

MICHEL FREMDER

ROMAN

PRÉFACE DE JACQUES PESSIS

« C'EST ÇA LES VACANCES ? »

Et pourtant… ils reviendront l'an prochain !

Storycast éditions

Du même auteur

Romans
Le syndrome de Quincke, Editions Fixo
Pour l'amour de IL, Editions Le Thielleux
Les labyrinthes du destin, PC Editions
Percuté par une étoile, PC Editions
Un homme à proéger, Editions Ebookite

Chroniques
Ma ligne de chemin de fer
(*être cheminot ça se mérite*), Edititons de la Vie du Rail

REMERCIEMENTS

À tous ceux qui pourraient se reconnaître
dans ce livre.

Préface

Devoirs de vacances

N'en déplaise à la mémoire de Simone Signoret, la nostalgie demeure plus que jamais ce qu'elle n'aurait jamais dû cesser d'être. J'en veux pour preuve celle qui se dégage à la lecture des pages du nouveau roman de Michel Fremder.

« La famille, ça fait partie des petits soucis quotidiens » a chanté Sheila à la fin des années soixante. La mélodie pourrait figurer en fond sonore de cette chronique estivale d'une éternelle actualité. L'auteur le précise, et il a bien raison : « Toute ressemblance avec des personnages n'ayant pas existé chez vous, serait totalement exceptionnelle ».

On a toutes et tous en nous quelque chose de l'un ou l'autre des seize personnages de ce récit. Nous avons forcément vécu, pendant un été, des scènes de famille ressemblant à celles de cette histoire. Si le fond est toujours le même depuis des décennies, la forme ou le décor varient selon les époques, les lieux et les circonstances. Nous en conservons longtemps, et parfois même toujours, le souvenir sous la forme d'images qui défilent dans notre tête, ou, jadis, sur un écran. En un temps où le téléphone portable n'était que le rêve improbable de quelques branchés, on se réunissait, l'automne venue, en famille et avec des amis proches, pour égrener de joyeux souvenirs d'été. On visionnait des diapositives ou des bobines super 8, alors considérées comme le summum de la technologie. La lumière revenue, certains ajoutaient à ce climat de nostalgie, en fredonnant le refrain d'une chanson que les médias n'avaient pas encore baptisé « tube de l'été ». Il y en avait pour tous les goûts, et pour tous les âges. On n'échappait pas, parfois, à quelques fausses notes. On s'opposait, en particulier, sur une forme de cumul remontant à 1965. Il y avait les fans de Christophe et d'Hervé Vilard ayant vibré au rythme d' « Aline » ou « Capri, c'est fini », et celles et ceux à qui « le ciel, le soleil et la mer », de François Deguelt, rappelait la piste de discothèques où les slows offraient des instants assortis à la chaleur de l'été. Enfin, les plus modestes ne manquaient pas d'essuyer une larme d'émotion en rappelant les paroles de « La maison des vacances » d'Yves Duteil, « L'oiseau des vacances », l'une des plus belles chansons de Charles Trenet, ou « Les vacances au bord de la mer », de Michel Jonasz.

Dans ces moments-là, on ne fait jamais de cinéma, ce qui n'empêche pas d'y penser, bien au contraire. Des comédies estivales, devenues cultes sont entrées dans l'histoire du 7e art, mais aussi dans celle de notre société. « Les bronzés », c'est le monde d'hier, « Les vacances de Monsieur Hulot », celui d'avant-hier et « Camping », celui de toujours.

Michel Fremder joue une carte différente: celle du changement dans la tradition. La voiture est devenue électrique, ce qui, de toute évidence, ne simplifie pas la vie, bien au contraire. Il tire ainsi un signal d'alarme, en démontrant que, dans notre monde ultramoderne tout ne roule pas toujours bien.

Cette chronique du temps qui passe trop vite, c'est aussi celle de notre douce France d'hier qui doit demeurer celle d'aujourd'hui et surtout de demain. Je n'imagine pas la voir s'effacer. Ce serait, si j'ose dire, une *douche franche*.

Michel Fremder fait œuvre de salubrité publique en racontant une histoire, qui est aussi un guide pour des vacances familiales réussies. Il donne, en filigranes, des conseils que mon statut m'interdit, hélas, de suivre. Si j'avais dû me livrer à toutes les activités qu'il évoque, je n'aurais jamais trouvé le temps d'écrire cette préface.

Jacques PESSIS

I

Pierre se précipita sur le téléphone dont la sonnerie agressive le crispait depuis des années, mais Isabelle contrait ses protestations véhémentes en affirmant que si cela sonnait moins fort, on n'entendrait pas du jardin.

- Coucou c'est moi !

La voix de Mathilde était cristalline, et sa fille chérie le faisait fondre dès les premières paroles…

Elle enchaina :

- Vous ouvrez le portail, on arrive.
- Vous êtes où ?
- Attends… ah, il y a une pancarte « Vivonne cinq kilomètres »
- Vivonne… mais qu'est-ce que tu fabriques à Vivonne ?
- Ben… je sais pas… c'est pas la route ?
- Enfin Mathilde, tu as dépassé Ruffec d'au moins trente kilomètres !
- Ahhh, je me disais bien que ça me paraissait long !
- Mais tu n'as pas mis Waze ?
- Non, Maxime m'a dit de ne pas le mettre parce que la batterie de la voiture est faible et qu'il fallait l'économiser.
- Il t'a dit quoi ?

- Qu'il fallait pas tirer sur la batterie parce qu'on devait la changer.
- Attends, je rêve, là ! Tu sais combien ça tire un téléphone ? Et en plus en roulant tu recharges ta batterie !
- Ah bon ! mais alors je fais quoi ?
- Tu t'arrêtes, tu mets Waze, et tu fais demi-tour, tu es à environ quarante km !
- Ah... d'accord, bon, alors à tout de suite.
- Les enfants sont sages ?
- Comme d'hab !

Pierre n'insista pas, il subodorait l'état de l'habitacle après sept cents kilomètres de voyage, sans le père pour gendarmer les trois monstres.

- A tout de suite, dit-il en raccrochant, ponctuant le geste d'un « *j'peux plus !* » ce qui chez lui était l'une des phrases fondamentales exprimant l'abattement qu'il ressentait souvent devant ce monde qui l'entourait.

Il sortit pour raconter à sa femme la dernière de Mathilde et de son mari. Ces deux là, c'était une aventure nouvelle à chaque page, et le livre commençait sérieusement à s'épaissir !

Mathilde allait être la première à arriver pour les traditionnelles vacances qui réunissaient l'ensemble de la famille durant quinze jours minimum. Elle partait toujours seule avec les enfants, Maxime ne fermant l'entreprise que dans les premiers jours du mois d'août, et la rejoignant par le train ensuite.

Les autres échelonnaient leurs débarquements sur deux ou trois jours, ce qui permettait à Isabelle d'organiser la maison en fonction des lubies que chacun de leurs trois enfants ne manquait jamais d'annoncer… à la dernière minute, bien évidemment.

Mathilde était la plus jeune et, avec son trio, elle avait la palme de la famille la plus nombreuse.

Nicolas, lui, en avait deux, tandis que l'ainé, Richard, n'avait qu'une fille.

C'est-à-dire que la maison allait passer de deux occupants à quatorze, sans compter Dorix, la nounou de la famille, qui s'installait dans le studio attenant, et qui avec son compagnon Gérard portait le nombre total des résidents à celui d'une équipe de rugby et de son entraineur.

La maison est grande, le parc est grand, la salle de jeux est grande, la piscine est grande, le potager est grand, mais tout cela devenait très vite soudainement trop petit pour Pierre qui n'arrivait pas à passer en douceur de sa sérénité « *onzemoicalle* » au dérèglement climatique personnel du douzième mois.

Isabelle, quant à elle, le vivait très bien, et il pensait même que si le double d'envahisseurs débarquait, elle ne s'en porterait que mieux.

Quelque part, cela l'irritait, car il avait beau tenter de se préparer chaque année à l'arrivée de la meute, il crispait irrémédiablement en imaginant chaque fois les nouvelles inventions qui feraient gripper la machine.

Isabelle était en train d'arroser le massif d'hortensias, trouvant que l'allure générale déprimée de celui-ci, attestait de la déficience du goutte à goutte que Pierre avait installé.

Quand Pierre lui narra la dernière élucubration de Mathilde and Partner, Isabelle ne marqua pas d'étonnement, et au contraire pensa que si le téléphone devait vider la batterie, Maxime avait peut-être raison.

- Mais enfin, s'emporta Pierre, c'est une connerie ! ça ne consomme rien, Waze…
- Ecoute, c'est leur affaire, laisse-les s'organiser. Et alors, dans tout cela elle arrive quand ?

En tournant les talons, et en maugréant contre la passivité de sa femme, il répondit « j'en sais rien ! »

- Tu pourrais être aimable ! c'est quand même pas de ma faute si leur batterie est à plat !

Pierre préféra cette fois ne pas répondre et alla ouvrir le portail.

- Tu ouvres déjà ?
- Ça te gènes en quoi ?

Isabelle retourna, sans commentaire, à ses hortensias face à l'humeur « toutou » de son mari.

La 5008 SUV franchit l'entrée de la propriété quelques quarante minutes plus tard. C'est vrai qu'au prix de l'essence, une centaine de kilomètres avec cet aller-retour inutile n'avait aucune importance.

Le grand sortit le premier de la voiture. Dix huit ans bientôt et l'âge absolu de la cucuterie assurée.

Trop petit pour être déjà un homme, et trop grand pour se mêler aux deux femelles qui lui servaient de sœurs et accessoirement de souffre douleurs. Mais une gentillesse débordante.

- Bonjour Papy !

- Salut mon grand, dis donc, tu vas bientôt me dépasser !
- Je dépasse déjà Maman et je rejoins Papa.

Mathilde sortit à son tour, s'étira après ces sept cents kilomètres transformés en huit cent pour la protection de dame batterie.

Après avoir embrassé ses parents, elle se précipita sur un petit massif de menthe sauvage, en préleva une branche, l'inspecta, la huma, la mordilla et décréta qu'il faudrait plus la protéger du soleil, car cela risquait d'altérer ses propriétés machintrucmuches…

- Vous n'êtes venus qu'à deux ? dit Pierre, étonné de voir l'empressement relatif des deux filles à sortir de la voiture.
- Vous sortez les filles ? dit Mathilde, le nez toujours dans la menthe.

Une chose s'extirpa enfin de la partie arrière de la voiture. Quelques morceaux de tissus, reliés par quelques fils improbables censés confectionner un jeans, sous un tee-shirt à la gloire d'un nom inconnu des adultes hébergeants. Le tout sur le corps de Chloé.

- Les affaires vont mal à ce point, pour que tu leurs mettes des vêtements à trous ?
- C'est la mode dit Mathilde, et de toute façon, il n'y a rien à leur dire…
- Ah bon… alors, si c'est la mode… Modons, modons ! Et Camille n'est pas là ?
- Camille, tu sors de la voiture ?

Malgré l'injonction de la mère, rien ne se passa, Pierre franchit donc les cinq mètres qui le séparaient de la portière arrière, et, au milieu d'une multitude de paquets de gâteaux, bonbons et autres sucreries, il aperçut la dernière de la première fournée.

- Alors, tu descends, dis Pierre ?
- Ah oui…
- Et puis tu peux dire bonjour Papy, non ?
- Ah oui…

Isabelle intervint pour dire à son mari de laisser la petite récupérer et de ne pas l'assommer tout de suite avec des manières de l'ancien temps…

- Parce que dire bonjour est une manière de l'ancien temps ?
- Non mais lui sauter sur le poil à peine arrivée, tu pourrais attendre un peu.

Camille en profita pour descendre et se précipiter sur la balançoire, témoin des années bénies où leurs propres enfants appréciaient justement les vestiges de l'ancien temps.

- Bon, allez, après ce long voyage, vous devez avoir soif, venez boire quelque chose.

Isabelle entraina toute la smala dans la cuisine d'été où des jus de fruits et sirops attendaient.

- Mais Mamy, tu n'as pas de sirop de violette ?
- Il n'y en avait plus… j'ai demandé à la vendeuse, mais ils ne le font plus cette année. En revanche, il y a du lait de coco, tu as vu ?
- Oui, mais j'aime plus ça.
- Tu nous barbes dit Alexandre, prenant au sérieux son rôle d'ainé, aussitôt contesté par Chloé, qui lui affirma qu'il n'était pas leur père pour leur parler comme cela.

Pierre se dit, résigné, que le cru nouveau était arrivé, et que les vacances pouvaient commencer. Il alla vers sa fille et lui proposa de vider le coffre et monter les bagages,

- Attends, dit Mathilde, car j'ai rangé d'une certaine façon et je monterai au fur et à mesure de la répartition dans les chambres. Et Alex m'aidera, ne t'inquiètes pas
- Je ne m'inquiète pas, c'était pour éviter que…

Il s'interrompit, car il avait dit cela pour éviter quoi, en fait ? il tapota sur la joue de Camille qui s'était assise sur la table basse, et ressortit.

La soirée à effectif partiel se passa normalement.

L'extinction des feux se faisant dans les larmes de celle qui voulait voir un film, de celle qui voulait garder son portable et de ceux qui, déjà harassés par la journée, ne pensaient qu'à se coucher. D'autant plus que Richard, l'ainé, avait dit qu'il serait là à l'aube, pour le petit déjeuner, préférant rouler de nuit afin de trouver une borne de charge de haute puissance libre, à mi-chemin, pour sa voiture électrique.

Il ne pouvait faire le trajet d'une seule traite, l'autonomie étant soi-disant suffisante d'après le constructeur, mais à condition de rouler sans clim, à petite vitesse, sans tirer sur les accessoires, en un mot… la moitié de ce qu'il annonçait.

Richard avait bon caractère, et ne s'offusquait pas que son père lui assène les mêmes plaisanteries lourdingues sur la pertinence d'avoir une voiture à piles…

Le seul problème, c'est qu'à sept heures du matin, le téléphone sonna pour expliquer au premier levé que cette saloperie de borne d'autoroute était en panne, et qu'en fait ils ne pourraient pas être là avant au moins onze heures.

Pierre, étant ce premier levé et donc dépositaire du message, ne fit pas de commentaires, sentant que son fils ne serait peut-être pas d'humeur à apprécier une fine remarque…

Après avoir raccroché, il finit de mettre la table du premier déjeuner matinal sur la terrasse, profitant d'une journée qui s'annonçait encore magnifique et surtout de ce qu'il n'avait, en ce premier jour, encore qu'un nombre réduit de tasses, soucoupes, verres et tout le tintouin à sortir.

Le lever s'échelonnait entre huit heures et dix heures trente selon le treuil mis en place pour extraire les irréductibles dormeurs.

En cette première matinée, comme dirait Isabelle, il fallait les laisser récupérer et s'acclimater, ce qui signifiait que Pierre pourrait écouter tranquillement les informations, lire son journal d'hier (puisque déposé la veille par le facteur à une heure où de toute façon on ne pouvait plus parler de nouvelles fraiches) lui donnant toutefois le bonheur de savourer un moment de quiétude comme il les aimait. Mais de quiétude il n'en fut rien car le téléphone sonna à nouveau et il se précipita pour que cette foutue sonnerie ne réveille pas le village entier.

C'était encore Richard.

- La borne sur laquelle on s'était branchée n'a pas fonctionné, et je suis à peine à vingt pour cent, il faut que l'on se branche sur une autre mais maintenant elles sont toutes occupées.
- Je ne veux pas t'embêter, mais vous êtes partis à quelle heure ?

- 3 heures, je voulais plus tôt mais Maureen n'arrivait pas à se lever.
- Tu vois, moi à ta place, je partirais deux jours avant, et même 3 s'il pleuvait, à cause des courts circuits que cela provoquerait.
- C'est malin. Mais maintenant je ne sais pas à quelle heure on va arriver.
- Vous êtes où ?
- A Blois.
- A Blois ? En étant parti à trois heures ! Mais tu vas retrouver la cadence des diligences… C'est vrai que c'est l'avenir tes bagnoles électriques !
- Bon je te quitte, il faut que je guette la première qui se libère.
- Guette mon fils, guette… et bonne route !

Ce monde devient complètement dingue ! On prône les voitures électriques et en parallèle on nous serine à longueur de journée qu'il faut faire des économies sur l'énergie, débrancher les consoles, les box, et les portables la nuit.

On peut dire qu'ils ont bonne mine les Richard et consorts sur les autoroutes… quatre heures depuis le départ pour se trouver à deux cents kilomètres ! A ce rythme-là, les mecs du Tour de France réaliseront bientôt des moyennes supérieures.

- C'était qui ?

Pierre se tourna et vit sa fille debout dans l'encoignure de la porte.

- C'était Richard… Mais, tu es déjà debout ?
- Oui, Camille avait soif

- Et à neuf ans elle ne sait pas se lever pour aller boire.
- J'ai plus vite fait de lui apporter un verre, car elle m'aurait tannée de toute façon jusqu'à ce qu'elle ait satisfaction.
- Mmmouais… Et à part cela tu vas bien ?
- Oui… très bien, mais on travaille trop !
- C'est un peu le lot de tous ceux qui veulent réussir, tu ne crois pas ?
- Oui, mais là c'est trop, Maxime est épuisé et moi aussi.
- Et les ventes ?
- Justement, cela marche tellement qu'on ne voit plus le bout… c'est un cycle infernal, il faut produire toujours plus, et cela devient impossible.
- Vous ne pouvez pas embaucher ?
- Pas facile ! d'abord il faut trouver l'oiseau rare, le former et ensuite avoir confiance car il sera détenteur du savoir-faire, de la distribution, et des ventes…
- Ok, mais si c'est la solution pour que vous puissiez passer à l'étape suivante…
- Qu'est-ce que tu veux dire ?
- Que vous puissiez conjuguer plaisir famille et affaires… cela me semble un plan pas idiot…
- Mmmm…
- Enfin, comme dit ma filleule, « moi j'dis ça… J'dis rien ». Tu prends ton petit déjeuner ?
- Non, je fais régime, je ne déjeune pas le matin. Juste des graines d'orge.

- C'est quoi cette nouveauté ? tu te trouves trop épaisse ? on disait justement avec Maman hier soir que tu devrais prendre quelques kilos.
- Certainement pas, avec tout ce que l'on ingurgite déjà en temps normal, pas question de faire n'importe quoi !
- Mais ne rien prendre le matin n'a jamais été bon, enfin, je crois.
- Ecoute, c'est ta vision des choses, et ça c'est la mienne. Mais je ne t'empêche pas de prendre des œufs, du fromage et…
- Du pâté ! n'oublie pas le pâté. Tu vois, j'ai abandonné le saucisson…
- Papa, tu es insupportable ! tu devrais lire l'article qu'a écrit Vincent Ramusen sur les excès de protéines animales dans…
- Ramumachin a certainement raison ! mais moi, j'aime mes petits déjeuners, mieux même, c'est le meilleur moment de la journée. Je fais de la marche et de l'exercice plus que la normale de mes contemporains, et Chauchard m'a dit que mon âge biologique était inférieur de dix ans à mon âge réel… que veux-tu demander de mieux ?
- Que tu prennes conscience de l'impasse où nous allons nous trouver avec tout ce qui nous attend.
- Je suis pleinement conscient des périls… d'ailleurs une statistique très sérieuse dit qu'à l'endroit précis où nous nous trouvons, nous avons un milliard cinq cents quatre vingt neuf millions six cents quarante sept mille cinq cents soixante sept chances de recevoir un Mirage ou un Rafale sur la tête dans l'heure qui suit… Et

c'est vrai que ça m'inquiète, je regarde sans cesse le ciel pour guetter. Mais vu le nombre d'avions de combat que l'on a dans ce pays, je me rassure un peu…

- Pffff… tu es incurable!
- C'est ce que me dit ta mère!

II

- Richard arrive à quelle heure ?

Isabelle émergeait dans la cuisine, tout étonnée de ne pas voir la voiture de son aîné devant la porte.

- Il a appelé tout à l'heure, il cherche des piles Duracell pour sa voiture, il pense qu'elles dureront plus longtemps.
- Mais tu peux être sérieux deux minutes, pourquoi n'est-il pas encore là ?
- Je te dis la vérité, il a un problème de borne et ils étaient encore à Blois il y a une heure.
- À Blois, mais c'est sur la route ça ?
- Oui, c'est sur la route ça ! Pas loin de Paris, enfin… plus près de Paris que de chez nous !
- Mais il devait partir tôt ?
- Il est parti tôt, mais avec sa voiture à pédales, il lui faut de l'énergie… pour la faire avancer
- Les pauvres, et Maureen, qui n'aura rien mangé !
- Attends, ils ne sont pas en plein Sahel, ils sont sur l'autoroute, et il y a des points de ravitaillement où ils sont capables de trouver de quoi ne pas dépérir.
- C'est quand même un vrai problème… Pourquoi il n'a pas pris une voiture normale ?
- Dis-lui cela et tu te feras bien voir !

- Mais c'est lui qui a raison ! il sert la planète !

Mathilde avait pris la balle au bond, adepte qu'elle était de la lutte contre les énergies fossiles.

Pierre haussa les épaules et fit chauffer l'eau pour le thé de sa femme.

- Il faudra que tu penses à prendre la viande chez Léonard en allant chercher Nicolas à la gare. Je lui ai dit qu'il nous garde le paquet, et que nous passerions en fin d'après-midi.
- Ah ! C'est vrai !

Le dernier arrivage venait par le Train parce que sans voiture, et pour cause : ni lui ni son épouse n'avaient le permis. Et si cela continuait c'est Adrien qui amènerait bientôt la famille, car même s'il n'avait aujourd'hui que 9 ans, dans 9 ans il aura certainement le document magique avant ses parents. À moins que ce ne soit Victor… le deuxième fils. Mais lui, ayant cinq ans, pilotera peut-être un aéronef… électrique, bien évidemment…

En attendant, Pierre commença la distribution de croissants pour ceux qui avaient réussi à se sortir du lit et qui petit-déjeunaient.

Il ne manqua pas de proposer les fameux « croissants galettes », une invention du père d'Isabelle, qui un jour, ayant mis le paquet en provenance de la boulangerie sous les sacs de provisions dans le coffre de la voiture, déclara sans rire, que les croissants galettes étaient la dernière trouvaille du boulanger… que c'était un peu plus cher, car écrasés, mais autrement meilleur. Les enfants à l'époque ne voulaient plus que cela, et méthodiquement, les jours suivant, dans la cuisine, Roger aplatissait en douce les « produits d'exception ».

Pierre n'avait bien sûr pas manqué de perpétuer la tradition, et enregistrait le même succès auprès de ses petits-enfants. Il avait également créé le « croissant cramette », un jour où le four avait été mis un peu fort, trop longtemps. Succès là aussi, mais plus difficile à reproduire chaque jour.

Le téléphone, encore lui, fit sursauter les présents.

Ce fut Isabelle qui, la plus proche, eut Nicolas au bout du fil.

- C'est pas possible ! C'est pas possible ! oh, non, c'est pas possible !

Chacun se figea dans l'attente de savoir ce qui était ainsi marqué par le sceau de l'infaisabilité.

- Ne t'inquiète pas mon grand, Papa ira vous chercher à Poitiers. Tu nous diras l'heure… bien sûr ! bien sûr… Je t'embrasse.
- Qu'est ce qui se passe encore ?
- Ces abrutis de la SNCF viennent de lui envoyer un SMS, pour lui dire que par suite d'un mouvement social, la correspondance pour Ruffec ne sera pas assurée. Vous imaginez cela ? un jour de grand départ ! il est vraiment temps de donner un coup de balai pour tous ces fainéants.

Il était rare qu'Isabelle fasse dans la nuance, mais quand il s'agissait de son fils, toute attaque ou manquement à son bonheur méritait, pour celui qui en était la cause, soit la prison à vie, l'écartèlement, ou une autre solution dont le coup de balai le dégageant de la surface de la terre, était le moindre des châtiments.

- Et donc, si j'ai bien compris, il va falloir que j'aille les récupérer à Poitiers.

- Bah oui, tu ne voudrais pas qu'ils prennent un taxi, avec les petits et les bagages.
- Bien sûr que non, mais il va falloir combiner, car la viande chez Léonard à Ruffec, et la smalla à Poitiers, ce n'est pas la même direction. À moins que Mathilde puisse y aller ?

Isabelle interrompit cette idée d'un geste. Mathilde venait tout juste de récupérer du voyage de la veille, on n'allait pas lui demander en plus d'aller à Ruffec.

- Mais si Maman, je vais y aller. D'ailleurs je ferai conduire Alexandre.
- Conduire Alexandre ? Mais comment ça ?
- On lui a pris la conduite accompagnée, et c'est excellent ! Cela lui fera du bien de conduire sur les routes d'ici.
- Ah bon ! Dans ce cas, c'est parfait, tu verras avec Papa. Merci ma chérie.
- Et moi, pas merci, qui vais me payer cent cinquante kilomètres pour l'aller-retour des attardés de la vie contemporaine ?
- Mais si, merci mon chéri ! Tu sais bien que tu es parfait.
- C'est vrai, mais j'aime te l'entendre dire.

La sonnerie stridente à nouveau résonna. Pierre cette fois-ci décrocha…

- Non Madame, ici c'est le garage Moreau ! C'est pour quelle voiture ?
- Arrête Pierre, lui dit Isabelle.
- Non, Madame, je vous demande pour quelle voiture vous appelez ? ici c'est le garage Moreau…

Ahhh, elle a raccroché, dommage… j'adore m'amuser avec ces emmerdeurs… c'est dix fois par jour, pour l'isolation, la retraite, les fours solaires… y en a marre à la fin !

- Mais ils font leur travail !
- Et moi aussi ! Je suis le garage Moreau… comme cela, ils suppriment notre numéro de la liste, et quand ils revendent le listing, nous ne sommes plus dessus.
- Ah c'est bien, cela ! dit Mathilde, et tu es sûr que ça marche ?
- Pas du tout, mais comme ça ta mère me laisse dire mes sottises ! J'ai toute une panoplie, l'épicerie Grondin, les piscines Jacky, et même la gendarmerie de Payzay.
- Tu vas vieillir un jour Papa ?
- Jamais… le jour où je ne dirai ou ne ferai plus de conneries, je serai mort !

C'est sur cette parole que surgit un somnambule du nom d'Alexandre. Zombie ou somnambule, la marge était étroite vu la démarche du post-adolescent ex-boutonneux.

- Bonjour tout le monde ! il est quelle heure ?
- Certains diraient l'heure de se lever, mais d'autres clameraient que ce n'est pas une heure pour les chrétiens.
- Ça tombe bien, je ne suis pas baptisé. Alors cela fait quelle heure ?
- Neuf heures trente.
- Ah, je pensais qu'il était beaucoup plus tard.

- Moi, à ta place je retournerai vite me coucher, dit Mathilde qui savait que son fils était plus à l'aise avec les grasses matinées qu'avec les maigres nuitées.

- Non, car en plus j'ai faim. Papy, tu penses que je pourrais avoir un œuf?

- Mais bien sûr, mon petit-fils! Enfin un qui me ressemble. Tu veux du bacon avec?

- Tu en as?

- Bien sûr, quand je sais que ta mère vient, je dévalise les charcuteries, les boucheries, et les boutiques qui vendent tout ce qui fait grossir.

- C'est malin, dit Mathilde. Donne-lui des habitudes de ce genre, et il pèsera son quintal à trente ans.

- Parce que je pèse un quintal, moi? Je fais le même poids que je faisais quand j'avais vingt-cinq ans. Qui peut dire cela parmi tes amis végans?

- D'abord je ne suis pas végan, mes amis non plus, et je fais attention aux protéines animales, c'est tout! toutes les statistiques...

- Bon, écoute Mathilde, chacun fait ce qui lui plaît, et laisse mon petit-fils faire sa croissance avec les bonnes nourritures terrestres que nous ont laissées nos ancêtres

- Bravo Papy, ça, c'est envoyé! Maman je vais venir habiter chez Papy et Mamy.

- Chiche mon garçon! Mais je te préviens, je pense qu'avec eux, la façon de gérer tes études devrait changer. J'ai donné, moi!

Isabelle, poutant toujours prompte à défendre sa fille, s'offusqua quand même du sous-entendu qui laissait suggérer que celle-ci avait eu une enfance difficile.

- Je pense que beaucoup auraient aimé avoir ta vie de bagne!
- Je ne dis pas que j'ai eu une enfance malheureuse. Je dis que vous étiez beaucoup plus stricts que Maxime et moi ne le sommes. Et par conséquent, il ne gagnerait pas au change.
- À savoir? Reprit Pierre.
- Y a quoi pour le petit-déjeuner?

Cette jolie phrase élégamment prononcée venait de Camille. Jolie comme un cœur, mais peu en phase avec les mots d'amour et les épanchements de saluts matinaux.

Mathilde ne laissa pas passer la chose et demanda à sa cadette de dire bonjour à tout le monde, faisant remarquer que c'était généralement ce qu'il se faisait.

- Bonjour!
- Non, tu dis bonjour Papy, Bonjour Mamy, s'il te plaît!
- ......Bonjour Papy....bonjour Mamy... Y a quoi à manger?
- Au moins on ne pourra pas dire qu'elle n'a pas de suite dans les idées.

C'était sorti immédiatement de la bouche d'Isabelle, qui s'attendait à ce que son mari ne puisse contenir une certaine lassitude...

C'est alors qu'un événement improbable survint. De ces événements que l'on croit impossibles et qui pourtant surgissent à un moment, et dont la cause demeure mystérieuse à jamais :

Chloé était debout, levée, alors que midi était encore loin, et venait de franchir la porte de la cuisine.

- Bonjour tout le monde… c'est quand qu'elle arrive Maureen ?
- C'est quand que… Jolie formule dans un très bon français ! bravo !

Pierre adorait ses petits-enfants, bien sûr, mais ne pouvait s'empêcher de « tenter » de reprendre des travers que leurs parents laissaient passer en toute insouciance

Un soupir long comme une journée sans téléphone portable s'échappa des lèvres du joli visage de la brune Chloé.

- Elle arrive quand Maureen ?
- Ah, un progrès qui mérite une réponse précise : en principe aujourd'hui si Richard trouve une prise de courant
- Ça veut dire quand ?
- Ah, voilà bien encore un de ces grands mystères de la vie ! Un jour prochain certainement…

Isabelle qui n'en pouvait plus des taquineries perpétuelles de son mari lui répondit :

- En principe avant midi… ils ne devraient plus tarder
- Ah ! chouette !

Mathilde, qui finissait d'avaler une curieuse mixture de flocons divers, posa la question qui contraignit Chloé à perdre le devant de la scène :

- C'est curieux que Richard ait pris une voiture tout électrique. C'est quand même un ensemble de contraintes par rapport au bénéfice espéré, non ?
- Tu demanderas cela à ton frère chéri, ma jolie. Moi il me l'a expliqué mais je n'ai toujours pas compris. Sauf pour le stationnement où il m'a dit que c'était gratuit à Paris pour les voitures comme la sienne.
- Il voyage beaucoup dans Paris en voiture ?
- Je ne sais pas, mais je pense, ou tout du moins je l'espère, car ainsi il y trouvera son intérêt… Bon, allez, il ne faut pas rigoler, il faut que j'aille mettre les produits dans la piscine, car je pense que cela ne va pas tarder à servir… d'autant qu'elle est à vingt-huit degrés.
- Pourquoi a-t-elle baissé ?

Là c'était Isabelle qui s'inquiétait. Au-dessous de trente degrés elle s'équipait d'une combinaison caoutchouc pour se baigner.

- Elle est à vingt-huit et c'est parfait. À trente il y a des risques de la voir tourner, et ce n'est pas le moment.
- Mais ce n'est pas le moment non plus de mourir de froid ! vingt-huit c'est tout juste ! On ne peut pas rentrer dedans sans frissonner
- Je pense, ma chérie, que tu as vraiment un problème de thermostat. Tu ne vas pas me dire que tu trouves froide l'eau à vingt-huit degrés !
- Si, je te le dis ! C'est tout juste. Et pour les enfants…

- Non, arrête ! les enfants, comme tu dis, à dix-huit ils se baigneraient pareil.
- Là Papy, je ne suis pas d'accord ! moi je n'irais pas !
- Voilà ! on est toujours trahi par les siens ! Le seul garçon, et c'est lui qui rechigne alors que les nanas ne diraient rien.
- Moi, je n'irais pas non plus ! Dit Camille.
- Moi non plus ! Surenchérit Chloé.
- Bon allez, ça suffit, et stoppez là, car sinon je mets de l'eau froide !

Et sur ce, Pierre partit vers la piscine.

L'arrivée de Richard fut silencieuse. Normal avec sa voiture électrique. Mais il faut être honnête, peu de paroles ne furent non plus prononcées.

Si l'on voulait résumer, on pourrait parler d'humeur… très moyenne.

Il était onze heures largement passées quand il franchit le portail de la demeure familiale, soit plus de huit heures pour faire la distance.

Synthétisons : cinquante kilomètres heure de moyenne en comptant trois cent trente km d'autoroute, soixante km de quatre voies et dix kilomètres de départementale.

Certains font Paris New York dans ce laps de temps, mais heureusement personne ne le fit remarquer.

Embrassades de rigueur, joie évidente de se retrouver, mais pudique dans ce contexte, et soudain l'explosion du fils aîné :

- « y en a marre de ces cons ! de ce gouvernement de… (censuré) qui incite à l'achat de voitures électriques alors que rien n'est prévu. En plus, des tas de connards qui se mettent sur les emplacements réservés, pour aller boire un café et donc faire chier le monde…

Aller plus loin dans l'exposé deviendrait indécent, donc chacun laissa passer l'orage, et ce fut la malheureuse Maureen qui eut peut-être un mot de trop en déclarant que se lever si tôt pour arriver si tard, vraiment cela ne valait pas le coup… !

Karine, sa mère, eut prestement l'idée qui s'imposait en suggérant à sa fille de rejoindre sa cousine qui l'attendait au premier, dans leur chambre.

Ne manquaient donc à l'appel que Nicolas and partner's, puisque Dorix était arrivée elle aussi avec Gérard, mais avec une voiture traditionnelle.

Et personne ne crut bon de répondre quand elle annonça avec son merveilleux accent martiniquais « *qu'est-ce qu'on a bien roulé ! il n'y avait personne ! Alors qu'à la radio on annonçait des gros bouchons… Ils disent vraiment n'importe quoi !* »

III

Pierre avait sa liste de courses : avant de partir pour Poitiers, et de revenir en passant par Ruffec, (Mathilde ayant réussi à trouver une raison pour ne pas y aller), iI devait passer à la boulangerie pour prendre les fameuses *baguettes du Poitou*, qui avaient fait la renommée de la maison Poupard. Monsieur Poupard était le fils de la maison. Il avait su sauvegarder la réputation de la boutique créée par ses parents au siècle dernier et partis voici dix ans dans une retraite ô combien méritée.

Il avait épousé une Marseillaise, rencontrée dans un voyage organisé, qui lui avait apporté en dot la bonne humeur du sud et son accent savoureux.

En entrant dans la boulangerie, il fut accueilli par un quasi-cri de liesse :

- Té, Monsieur Pierre, je pensais justement à vous ce matin ! je me demandais si votre « *équipe de rugby avec son entraîneur* », comme vous dites, était complète ? ah ! je l'ai retenue votre expression de l'an dernier !!!!! Vous êtes drôle, vous !

Pierre pensait qu'il était surtout un drôlement bon client !

Ceux qui pensaient que les jeunes ne mangeaient plus de pain pouvaient venir comptabiliser les sept baguettes quotidiennes durant les semaines de l'invasion barbare.

Car si Mathilde ne mangeait soi-disant pas de pain, elle faisait chaque année une exception pour la *baguette Poitou* ; Isabelle, elle, faisait attention à ce qu'elle mangeait, mais la baguette Poitou était trop bonne; les enfants adoraient (on l'a vu) les croissants le matin mais se rattrapaient au goûter avec les différents ingrédients qu'ils pouvaient imaginer pour mettre à l'intérieur de la fameuse baguette; quant aux adultes mâles, ils s'accordaient sur le fait que ce pain était *une tuerie* et qu'il justifiait pleinement les quantités qu'ils ingurgitaient.

Seule Dorix se disait raisonnable, et n'en mangeait que le matin au petit-déjeuner, le midi pour saucer et accompagner le fromage, à quatre heures parce que ce n'était pas à Paris qu'elle pouvait s'accorder un petit en -cas de la sorte, tandis que le soir, elle pouvait là, se lâcher un peu! Mais surtout, elle n'en mangeait jamais entre les repas, car cela faisait grossir.

Pierre fit un peu la conversation avec Madame Poupard, s'accorda avec elle sur les changements du climat et la dureté du travail de boulangère, puis s'en fut, pour chercher Nicolas, Silvia, et leurs deux drôles, (comme on appelle les enfants en patois poitevins) en gare de Poitiers.

La quatre voies reliant Bordeaux à Poitiers était la solution choisie par les camions qui remontaient sur Paris ou descendaient en Espagne, parce qu'évidemment gratuite, en opposition à l'autoroute payante. Ce qui donnait de véritables convois de *trains camionnés*, ne respectant pas les cinquante mètres de distance légale entre chacun, faisant fi de l'interdiction de se doubler entre eux, et dépassant la plupart du temps la vitesse limite qui leur était imposée.

En un mot Pierre n'était pas un ami des camions et de leurs chauffeurs, et ne manquait jamais de pester contre eux lorsqu'il était au volant.

Et bien sûr, il se trouva plusieurs occasions de tempêter, ne serait-ce que pour la forme et pour la garder…

Arrivé en gare de Poitiers, ou plus exactement devant la gare, il fallait trouver une place pour se garer.

L'esplanade avait été refaite et très bien pensée : huit places au total, limitées à dix minutes avec des indicateurs drastiques de dépassement, clignotant en rouge à la première seconde d'infraction. Un temps suffisant pour sortir de sa voiture, aider les passagers à descendre s'ils sont un peu âgés, arracher les bagages du coffre et leur dire de vite rejoindre le hall afin de pouvoir quitter dans les meilleurs délais la place, déjà repérée par d'autres clients *Rodéo Trains.*

Mais bien sûr on pouvait choisir le parking courte durée, où les trottinettes accèdent quasiment sans problème dans les étages. Pour les voitures c'est un peu plus compliqué car l'architecte devait avoir une voiturette de parcours de golf lorsqu'il avait calculé les espaces nécessaires à l'accès aux étages. Ce qui est sûr c'est que Pierre devait s'y prendre à plusieurs reprises pour passer les virages pentus, en vue de trouver une place pour sa vieille Hyundai Santa fé 4x4.

Cette dernière solution était donc d'emblée abandonnée au profit des rues adjacentes dans lesquelles parfois un espace était libre… au prix d'une place de cinéma de quartier.

C'est pour tout cela que Pierre avait pris un délai très confortable par rapport à l'arrivée du train de Nicolas.

Délai toutefois presque insuffisant, car ce n'est que dix minutes avant l'arrivée présumée du train qu'il accéda au bâtiment-voyageurs. Arrivée présumée puisque le TGV était annoncé avec un retard de 25 minutes.

Pierre imagina la fureur de son fils, qui prenait toujours le train le plus rapide à cause « des p'tits » qui étaient malades dans les transports…

Mais comme il avait échappé au changement de train du fait de la suppression du TER, ce n'était que demi-mal…

En revanche, si les vingt-cinq minutes de retard étaient maintenues, ils n'auraient même pas de compensation tarifaire, puisque c'est au-delà de 30 minutes qu'elle intervenait.

Pierre passa les longues minutes en regardant autour de lui les personnes qui attendaient également.

Il y avait ceux qui râlaient après la SNCF, ceux qui faisaient en silence les cent pas, ceux qui cherchaient désespérément un endroit où s'asseoir (il est vrai que dans un hall de gare, des sièges sont inutiles), ceux qui cherchaient la pendule pour vérifier leur montre, et qui en étaient pour leur frais, car plus de pendules dans les gares ! L'heure est désormais indiquée en suffisamment petit sur les tableaux d'affichage pour que l'on ne puisse pas constater le retard des trains. Enfin il y avait ceux qui s'interrogeaient sur la façon dont allaient monter leurs parents et amis jusqu'à eux, avec leurs bagages, en venant du souterrain, car il n'y avait pas d'escalator…

Pierre, qui connaissait parfaitement cette gare, savait qu'un ascenseur se trouvait sur le quai, permettant à 3 personnes à la fois d'accéder à la passerelle supérieure, toutes les deux minutes environ, (le temps de l'accès à l'intérieur, la fermeture des portes, et l'aller-retour de la cabine). Un TGV transportant environ cinq cents personnes, cela faisait… Pierre s'arrêta de compter totalement affligé…

Avec, de surcroît, des quais particulièrement étroits et, par suite, l'absence d'abris fermés (ce qui rendait les attentes infernales l'hiver), cette gare méritait la palme absolue de la totale inaptitude à satisfaire les clients.

En réfléchissant à tout cela, Pierre se dit qu'il était quand même, peut-être, un peu critique sur le monde qui l'entourait et qu'il fallait qu'il fasse attention à ne pas sombrer dans la catégorie des vieux cons.

Sur ces considérations, le TGV était annoncé, et quelques instants plus tard, les premiers voyageurs montaient péniblement, comme prévu, les escaliers.

Nicolas, Silvia, Adrien et Victor furent parmi les derniers à arriver, et Pierre vit immédiatement que son fils avait la mine des mauvais jours. Après les embrassades, puisque le Covid, semble-t-il, s'en était allé voir ailleurs… Nicolas fulmina :

- Plein le dos de ces connards de la SNCF ! « Changement du matériel de dernière minute » ont-ils annoncé à Montparnasse. Alors les places étaient au pif, et nous nous sommes retrouvés en haut, alors que je prends toujours exprès en bas… parce qu'en haut ça tangue ! Et puis au fait merci Papa pour tes idées !
- Quelles idées ?
- Adrien était au bord de vomir tellement, en haut, la rame oscille, et alors Victor a dit « moi, ze veut pas être malade, alors Papy, en voiture, il a dit qu'il fallait zhanter » et de se mettre à déclamer les chansons de Pierre Perret que tu lui as faites écouter.
- Ben… c'est drôle !
- Oui, quand c'est les jolies colonies de vacances, ça peut encore passer, mais quand c'est « tout, tout, tout, vous saurez tout sur le zizi » tu reconnaîtras que c'est un peu limite !

- Oui, mais, il n'a pas été malade… ?

Silvia prit la parole, avec sa douceur habituelle et son humour,

- Non il n'a pas été malade, mais moi j'avais la honte ! Je disais « Victor arrête » mais comme les gens à côté riaient, il continuait de plus belle ! Jamais il ne nous avait chanté cela, et il se souvenait parfaitement des paroles !
- Hein, Papy z'ai bien fait ?
- Mais bien sûr mon chéri, la musique il n'y a que cela de vrai !

Tous rirent de la situation, et l'ambiance s'étant détendue, la marche vers la voiture fut moins pénible, malgré les bagages, le retard, la rame changée, le zizi, l'envie de pipi de Victor (toujours lui…) et les questions d'Adrien sur la ville de Poitiers dont il avait entendu parler à l'école avec Charles Martel.

Pierre se demanda s'il avait bien entendu, car il pensait, ou plutôt il avait entendu dire, qu'à 9 ans désormais, si les enfants savaient certes se servir d'un ordinateur, ils ne connaissaient pas la table de trois, et que, en Histoire, pour les dates célèbres, ils pouvaient donner la date de naissance de Mbappé, tandis que les événements marquants se résumaient aux changements d'horaires d'été et d'hiver, qui d'ailleurs perturbaient gravement leur équilibre psychologique.

Dans la voiture, durant le voyage, Victor entonna, pour affirmer son talent et conjurer les vomissements, les colonies de vacances et le zizi, Adrien, en confiance, fit de même, et les parents, mi-figue mi-raisin, appréciaient toutefois que le trajet se déroule sans l'utilisation de sacs, naguère en plastique, mais aujourd'hui en papier.

S'adressant à Nicolas, à ses côtés, Pierre eut une idée :

- Maman m'a dit de passer chez Léonard au retour, mais je pense que vous avez fait assez de kilomètres pour aujourd'hui, on va aller directement à la maison, et j'irai à Ruffec ensuite.
- Dis, Papy, si tu vas chez Monsieur Léonard, tu peux prendre du saucisson à l'ail ?
- Adrien, dit Nicolas, on ne réclame pas, je te l'ai déjà dit.
- Ne t'inquiète pas Adrien, j'y avais pensé !
- Super, Papy, Merci !
- Et moi, ze voudrais une bouzée à la reine.
- Une bouchée à la reine… mais Victor, où est-ce que tu vas chercher ces idées ?

Silvia était offusquée par l'audace de son fils. Pleine de réserves, cette italienne venue en France voici vingt ans, avait passé son Doctorat en Français à la Sorbonne et avait reçu une mention, avec en plus les félicitations du Jury à l'unanimité. Elle maniait l'humour avec finesse, et s'exprimait pourtant toujours avec timidité. Pierre l'appréciait beaucoup, et considérait que c'était une chance d'avoir deux belles filles avec lesquelles il était en totale complicité.

Tout en conduisant, il repensa furtivement à son ex-collègue Lecorneau. Celui-ci, lorsqu'il parlait de la femme de son fils, l'appelait *la conne*. Et même si Lecorneau n'était pas le plus raffiné des hommes, une telle situation minait ses relations familiales et causait, pour le moins, des dissensions entre les parents et le fils.

Pierre et Isabelle avaient heureusement évité cela.

Lecorneau, c'était l'antithèse de Pierre. Ils se connaissaient depuis toujours, ou presque, mais tout les séparait. Politiquement, il était bobo, écolo, gaucho, islamo Mélanchono Nupéso. Il était passionné d'économie, mais, économie avec un S à la fin.

EconomieS était en effet son maître mot. Le nombre d'anecdotes avec lui sur le sujet était considérable, et il était rarissime que, dans quelque situation que ce fut, le mot argent ne vienne sur le tapis, pour une raison ou une autre.

Leurs carrières dans l'Administration avaient toujours été parallèles, jusqu'au jour où Pierre avait accepté de prendre la responsabilité d'un service qui exigeait des déplacements fréquents en province. Et cela, Lecorneau ne pouvait l'envisager car si les frais de déplacement étaient bien sûr remboursés, en revanche, les temps de parcours entre son domicile et la gare ou l'aéroport n'étaient pas comptés en temps de travail. Il avait fait un savant calcul compensatoire, mais les RH n'avaient rien voulu savoir.

Pierre avait lui accepté, et quelques mois après il prenait un échelon supplémentaire, puis encore un autre, deux ans plus tard.

Cette différence perdura jusqu'à leur retraite commune, et, depuis, au centime d'euro près, Lecorneau ne manquait jamais, que ce soit au téléphone ou lors d'une rencontre, de lui mentionner l'inégalité entre leurs deux virements mensuels…

Mais Lecorneau, c'est Lecorneau, et il représente quand même le lien affectif avec quarante et quelques années professionnelles.

Pierre prit la télécommande qui ouvrait le portail et engagea la Hyundai dans l'allée qui conduisait au garage. Il se ravisa sur le conseil de Nicolas qui lui dit qu'avec les valises, il était plus judicieux de laisser la voiture à proximité de la maison.

- Tu as d'autant plus raison que je repars chez Léonard. J'étais dans mes pensées et j'avais oublié.

L'ensemble, ou presque, de la famille vint au-devant des nouveaux arrivants, et les embrassades, encore une fois, enterrèrent les deux années sans bisous que tous venaient de passer.

Richard toutefois entra de suite dans le concret :

- Nico, tu as ton câble pour ton Mac ?
- Pffff ? je crois !
- Non, mais tu crois, ou tu es sûr ?
- Écoute, en principe je l'ai, mais cela peut, peut-être, attendre qu'on déballe ?
- Oui, bien sûr, mais le mien ne marche pas et cela me met dans la mouise
- T'es jamais en vacances toi !
- J'ai un métier, moi !
- Ah oui, c'est vrai, j'avais oublié que tu étais aussi patron !
- Tu devrais t'en rappeler, parce qu'avec la misère que gagne un patron d'aujourd'hui je vais bientôt te demander de m'aider à finir mes fins de mois.
- Tu oserais faire l'aumône à un pauvre salarié, exploité par le capitalisme décadent que tu défends ?

Les deux éclatèrent de rire. Ils se téléphonaient plusieurs fois par jour et étaient inséparables. Bourrés d'humour, ils se titillaient en permanence, et parfois, pour les témoins, c'étaient des moments forts drôles.

Mais soyons honnêtes, ils se raccrochaient aussi souvent au nez, pour des motifs divers et variés… qui les fâchaient jusqu'au coup de fil suivant !

Pierre en était le témoin auditif, puisque chacun des deux dans ces moments-là, appelait alors leur père pour signaler « l'énormité » que venait de sortir l'autre.

Mais enfin, pour être cette fois TOTALEMENT honnête, Pierre savait aussi, ou subodorait, que lorsqu'il disait quelque chose à l'un, celui-ci ne manquait pas d'immédiatement téléphoner à l'autre pour raconter « l'énormité » que venait de sortir leur père.

- Bon, je vous laisse avec vos fils de branchements, élément fondamental de la vie de Richard en ce moment. Je pars chez Léonard.
- Tu peux aussi passer chez Lidl ? J'ai oublié de prendre des serviettes en papier, et j'ai peur d'être à court
- Je peux venir avec toi Papy ?

Alexandre, l'aîné des petits enfants, accompagnait toujours Pierre par le passé.

- Bien sûr ! Comme au bon vieux temps ! allez en route !
- Ah ! au fait, si tu peux prendre aussi de la limonade, Chloé adore cela, et je ne sais pas s'il en reste ?
- Peut-être que tu pourrais faire le tour de la tribu, et demander à chacun s'il n'aurait pas un désidérata auquel nous n'aurions pas pensé ?
- Enfin, c'est quand même incroyable que l'on ne puisse jamais rien te demander !

- C'est l'âge ma chérie, c'est l'âge! Les vieux c'est comme la porte de la cave que tu me demandes sans arrêt de huiler, plus tu t'en sers, plus, ça grince!
- Ça, on peut dire que c'est fin!
- Mais hélas très vrai... Allez Alexandre, filons vite car bientôt il faudra aller chez Action et Monsieur Bricolage.

La voiture repartit en sens inverse, avec un Pierre aux anges d'emmener son « grand dadais » et un Alexandre retrouvant ses sensations passées.

Et surtout, tous deux conjointement heureux de laisser la meute, cette fois au complet, prendre ses quartiers d'été, sans avoir à subir les affres et les souffrances de tous ceux qui se découvriront une raison de se plaindre sur les conditions « calamiteuses » qui leur sont imposées.

- Alors, commença Pierre, à ton avis, qui va ouvrir les hostilités sur quelque chose qui ne va pas?
- Je dirais Chloé, parce qu'elle voudra dormir avec Maureen sans avoir Camille avec elle...
- Ah... pas mal! Moi je pense à ta mère par rapport à ce que Mamy a fait à dîner, qui sera trop lourd pour le soir!
- Ça, c'est possible! Maman maintenant fait tellement attention qu'avec Papa on s'achète des plats rien que pour nous.
- C'est pas possible?
- Pas souvent, mais quand même, la semaine dernière, au marché, il y avait un commerçant qui faisait de la paella et du cassoulet. Et bien Papa a

ramené deux parts de cassoulet pour nous. De toute façon les filles n'aiment pas ça, et pour Maman le cassoulet c'est la nourriture du diable !

- Je pense que tu exagères un peu, car elle adorait cela.
- Oui, j'exagère, mais tu sais, Papy, elle nous casse un peu les pieds avec ses régimes macrobiotiques.
- Macrobiotiques, c'est-à-dire : les céréales ?
- Oui, enfin sans viande
- Mon pauvre petit, ne t'inquiète pas, on va faire le plein chez Léonard. Mais tu sais, en mars dernier, lorsque les deux filles sont venues, pour ta sœur qui s'était découvert l'âme végétarienne, je lui faisais des saucisses végétariennes, du tartare végétarien, et même un pot-au-feu avec de la viande végétarienne !
- C'est quoi tout ça ?
- C'est rien de spécial, sauf que je lui disais que c'était végétarien.
- C'est pas possible ? Et elle mangeait ?
- Bien sûr !
- Ce n'est quand même pas très bien de lui mentir !
- Je ne lui mentais pas ! Il y avait des étiquettes « végétarien » dessus.
- Que tu collais toi ?
- Et que je fabriquais, aussi !

Ils se mirent à rire, et la fraîcheur de la situation fut inversement proportionnelle à la chaleur qui montait dans l'habitacle. La clim de la Hyundai peinait en ce début août, et ce n'était vraiment pas le moment qu'elle vienne à lâcher.

- Tu te souviens Papy des inventions d'Abi Rhabi ?
- Bien sûr, « les inventions géniales d'Abi Rhabi !

Pierre, lorsqu'il partait à vélo avec Alexandre, avait l'habitude de lui raconter des histoires pour qu'il oublie un peu les kilomètres qui s'accumulaient sous les coups de pédales.

En réalité, Il ne faisait que reprendre les bases de ce qu'il racontait à ses propres enfants : les véritables histoires de l'histoire de France, et les inventions géniales d'Abi Rhabi. Un nom qu'il avait repris, issu des élucubrations de Jean Yanne dans les années soixante-dix, lors de ses émissions radiophoniques.

Pour l'histoire de France, il y avait les personnages obligés, comme Jeanne d'Arc, Vercingétorix, et le général Gamelin. Chacun avait droit à une revisite de la culture historique. Jeanne d'Arc et la recette de la choucroute, Vercingétorix et sa partie de flipper avec Jules César, et le généralissime Gamelin, qui adorait faire des farces aux Allemands.

Et c'était suffisamment énorme, pour en rire de bon cœur et chercher ensuite la « vraie vérité ». Et il faut croire que ce n'était pas si débile, puisque Richard était devenu un talentueux historien, qui faisait d'ailleurs la fierté de son père.

Pierre n'avait jamais cru bon se prendre au sérieux. Le rire avait été un carburant essentiel à sa vie, et il avait toujours pensé que « *dire des conneries* » était tout aussi sérieux que produire du jus de crâne. Les deux d'ailleurs se ressemblaient souvent.

- Pourquoi me parles-tu d'Abi Rhabi ?

- Parce que tu m'avais raconté l'une de ses inventions géniales : les éoliennes enterrées, pour qu'elles ne détruisent pas le paysage… et bien longtemps, jusqu'à peut-être douze ans, je me suis demandé pourquoi on ne les enterrait pas.
- Mais tu avais raison ! regarde si on avait utilisé son invention, comme nos campagnes seraient plus belles !

Ils rirent à nouveau.

Ils se garèrent juste devant la boucherie Léonard. Une institution ! La boutique n'était pas grande mais le samedi en particulier trois personnes servaient, dont Monsieur Léonard, et une était en caisse. Malgré cela, une file d'attente constante se déroulait sur le trottoir. Viande plus qu'excellente, prix plus que raisonnables, accueil plus que sympathique, que pouvait-on demander de plus, que tous ces plus ?

- Ne me dites pas que c'est votre petit-fils Monsieur Lefebvre, celui qui adorait aller au restaurant ?
- Si, c'est bien lui, dit Pierre. Et je crois qu'il aime toujours cela, en tout cas il adore toujours les bonnes choses ! Ma femme vous a fait une commande, je crois ?
- Oui, c'est prêt ! Vous lui direz que j'ai mis aussi les cinq kilos de farce, je lui avais dit que je n'étais pas certain de la faire à temps, mais j'ai pu me débrouiller.
- Elle sera contente ! Il me faut aussi du saucisson à l'ail et une bouchée à la reine.
- Ah ! les bouchées à la reine, ce sera pour demain, je n'en ai plus !

- Catastrophe ! justement le dernier des petits-fils est un fanatique de vos bouchées ! Il se souvient de celles de l'an passé. Et à cinq ans, il m'a recommandé de ne pas oublier d'en prendre.
- Je suis vraiment désolé ! mais… attendez, je crois que ma femme en a gardé pour nous ce soir… je reviens !
- Avant que Pierre n'ait eu le temps d'intervenir, l'homme était déjà parti dans l'arrière-boutique… et revenait quelques minutes après avec la précieuse demande de Victor.
- Mais non, vous me gênez, nous pouvions attendre demain…
- Les gastronomes ne doivent jamais attendre ! C'est la règle !
- C'est trop gentil ! Mais cela me donne une idée, je peux vous commander seize bouchées pour dimanche matin ?
- Seize ?
- Oui, nous serons au complet.
- C'est formidable que chaque année vous puissiez tous vous réunir ainsi.
- Oui… enfin, c'est surtout bien car nous avons onze mois pour anticiper, et onze mois pour récupérer, c'est l'avantage de la retraite
- Mais il y a peu de temps que vous êtes en retraite ?
- Exact ; mais même en activité, cela ne m'empêchait pas de me préparer mentalement. Dès le premier septembre je songeais à la prochaine invasion annuelle. C'est un peu comme les feux de forêt, on sait qu'il y en aura d'autres, alors il faut prévoir !

- Papy tu exagères, parce que tu adores nous avoir tous.
- C'est vrai ! Et surtout, je suis rassuré, parce que je sais que l'intendance suivra, en particulier grâce à la maison Léonard !

Il est vrai que Pierre avait une affection toute particulière pour cette boucherie, qui était complètement atypique ! Voit-on souvent des bouchers qui vous disent qu'ils n'ont plus de viande ? Et bien ici c'est comme ça ! « Nous avons nos bêtes, et on ne fournit pas plus que ce qu'on a »

Cette France-là, Pierre l'adorait. C'était la vraie. Celle pour qui on fait des kilomètres, qu'on ne regrette jamais.

En sortant, chargés comme des livreurs de supermarchés, Pierre et Alexandre marquèrent ensemble un temps d'arrêt. Une deux chevaux Charleston était garée derrière la Santa-fé. Bordeaux avec ses bandes noires, totalement semblable à celle que Pierre et Isabelle possédaient naguère, et dont ils s'étaient séparés voici cinq ans. Elle avait fait les beaux jours de la famille.

- Pourquoi vous l'avez vendue, Papy, la Charleston ? On l'aimait tellement.
- C'est vrai, mais on ne s'en servait que l'été. Elle avait quinze ans et dix-sept mille kilomètres. Et un jour, alors que nous partions au marché et que nous avions décapoté, c'est ce qui faisait le charme de cette voiture, un frelon est entré dans l'habitacle en roulant.

  Avec les montants qui restaient fixes, il ne pouvait plus sortir. Ce fut la panique à l'intérieur, et Mamy a eu très peur. Le soir nous décidions de la vendre.

- Et qui l'a achetée ?
- Oh, un type incroyable, qui a répondu à l'annonce. Il y a eu des tas de gens qui voulaient l'acquérir car c'était une occasion magnifique, elle était comme neuve, tu te souviens. Et bien ce monsieur m'a dit au téléphone, « petit, j'avais trois rêves, avoir une Mercedes, être chef d'entreprise, et avoir une 2 CV. Je suis chef d'entreprise, j'ai une Mercedes, mais il me manque la 2 CV ».

  Alors, c'est à lui que je l'ai vendue, car j'ai trouvé extraordinaire que ce type, dès son plus jeune âge, avait déjà des objectifs ! C'est un exemple. À propos, tu en es où, toi, de tes objectifs ?
- Pas terrible ! je réfléchis.
- Bon, ne gâchons pas cette première journée. On en reparlera dans quelques jours, si tu veux.
- Je veux bien.
- D'ailleurs, il faut aller chercher de la limonade pour ta sœur. Ne perdons pas de temps.

IV

- Ne me dis pas que tu as oublié les serviettes ?
- Eh si… ! nous bavardions avec…
- Je me demande vraiment ce que tu as dans la tête.
- Mais rien, Ma Chérie, rien ! et tu sais, je ne suis pas dupe, je sais que tu ne m'as épousé que par charité chrétienne.
- Non, mais, on te confie une mission, et tu reviens avec la moitié, c'est pas possible !
- Mais rassure-moi, tu m'aimes quand même ?
- Ça n'a rien à voir, mais si on n'a plus de serviettes ?
- Et bien on s'essuiera avec la nappe. Au fait qu'est-ce que tu as prévu pour ce soir ?
- Tu le fais exprès ?
- Non, je ne me souviens pas
- La paella que l'on a commandé chez Tito
- Ah oui, ça y est ! Bon, alors il faut que je m'occupe du rosé. Je vais prendre le Bandol de Stéphane. Il est super et léger, pour le soir ce sera parfait.
- Moi, de toute façon je n'en bois pas
- Je sais. Tu veux autre chose ?
- Non, d'ailleurs je vais faire attention durant tout le mois. Mathilde m'a dit qu'elle ne buvait pas non plus.

- Mathilde ? Alors là, ça vient de sortir, car tout à l'heure elle m'a demandé à quelle heure on prévoyait l'apéritif ?
- On peut prendre du jus de fruit
- Vous faites ce que vous voulez, mais moi j'ai écouté la radio ce matin, et ils disaient qu'avec les fortes chaleurs, il fallait boire. Alors, en bon citoyen J'applique la règle !

Les trois mères de famille, Karine, Mathilde et Silvia, entrèrent dans la cuisine, visiblement d'accord sur un sujet qui parlait de sous-vêtements.

- Vous tombez bien les nanas ! j'ai une vraie question. Que voulez-vous boire comme apéritif ?

Mathilde fut la plus rapide :

- Pour le premier soir, tu mets du champagne !
- Attends ! ta mère vient de me dire que tu ne buvais pas d'alcool
- Maman ! dit-elle à sa mère l je ne t'ai jamais dit ça ! Je t'ai dit que je ferais attention mais de là à ne pas boire une coupe ?
- Et pourquoi une ? reprit Pierre, ravi que sa fille n'ait pas tout oublié des choses essentielles de la vraie vie. Et vous les filles ?
- Le programme de Mathilde me va, dit Karine.
- Je vous fais confiance pour la marque dit Silvia. Je sais que ce sera parfait.
- Toi, ma petite Silvia, ne crois pas m'acheter en me flattant bassement. Je suis incorruptible ! Bref, la cause est entendue faisons sauter le Taittinger.

- Moi, j'en prendrai aussi, dit Isabelle. En revanche, dès demain, je passerai au citron pressé !

Tout s'inscrivait dans la pure tradition des années précédentes. Bonnes résolutions, régime sévère, coucher tôt et lever tôt pour faire du sport.

Les années précédentes, cela tenait quarante huit heures...

La progression cette année était fulgurante : à peine douze heures.

V

Le sacro-saint apéritif du soir était une institution.

Que Pierre et Isabelle soient tous les deux, qu'il y ait deux amis, quatre, six ou plus, c'était immuable. D'ailleurs cela faisait école, puisque souvent ce moment de détente absolu était repris chez eux, à leur retour, par ceux qui faisaient escale dans la demeure.

L'alcool n'était pas de rigueur, loin de là. Pour les soirées en binôme, il était courant que l'on fasse appel à la récolte des citrons maison.

Les trois citronniers avaient la bonne idée de ne pas fleurir en même temps, ce qui faisait que pratiquement toute l'année on disposait de fruits exceptionnels, non traités, bien sûr.

En revanche, le prix de revient du citron n'était jamais calculé, car les trois arbustes passent l'hiver sous l'abri piscine, que l'on chauffe pour éviter le gel. Si l'on compte le fioul qui alimente la turbine, cela correspondrait, en se référant à un avis écologiste toujours objectif (*pléonasme*), à l'équivalent de plusieurs vols orbitaux…

Là où les difficultés commencèrent, et dès la soirée, ce fut pour l'attribution des verres.

Camille voulait le jaune qui avait été donné à Chloé, qui elle voulait le bleu de Maureen, tandis que Victor voulait le même que son frère qui lui, d'ailleurs n'avait pas encore réfléchi à la chose.

Après ce fut pour le choix des boissons.

Coca, Limonade, diabolo, menthe à l'eau, sirop de violette (un must découvert l'an dernier par Camille) et différents jus de pomme, ananas, abricot, sans oublier le jus de tomate assaisonné pour Alexandre…

Il faut la patience extraordinaire de Dorix pour ne pas envoyer promener toute cette marmaille. Mais nous sommes au premier soir, et chacun trouvera ses marques et affinera ses goûts pour après. (Ça, c'est ce que dit Dorix, car les grands ont tous prudemment battu en retraite, ne voulant pas gâcher les premiers instants de repos, qu'ils jugent bien mérités.

Un coup de téléphone de Maxime à Mathilde lui annonce qu'il sera là après-demain, mais il faudrait venir le chercher à Bordeaux, car la correspondance pour Ruffec a été supprimée.

Pierre, qui heureusement connaît les ruses SNCF pour désorienter l'usager (on dit client maintenant, soyons dans le coup !), suggère de prendre de Bordeaux la correspondance pour Angoulême, qui n'est distante que de cinq km d'ici.

- Oui, mais il faut attendre deux heures à Bordeaux ! dit Mathilde.
- Et nous, il faut deux heures et demie pour aller à la gare Saint Jean, donc… tu m'as compris !
- Bon, ben… je rappelle Maxime.
- Ça, c'est une idée ! Même une bonne idée !

L'apéritif fut classique, comme on les aime. Des histoires, des anecdotes, des souvenirs, un verre renversé et cassé, et la surveillance attentive du plat de la soirée : la paella, en l'occurrence.

À l'arrivée de la poêle à paella, (que l'on aurait pu commander pour quinze, mais qui en fait était pour dix car on imaginait bien que tous les enfants n'allaient pas en manger) il y eut des exclamations admiratives!

Et puis quelques questions:

- Elle n'est pas trop épicée?
- Non, jamais, même le chorizo est doux
- Ah… il y a du chorizo, alors moi vous ne m'en donnerez pas s'il vous plaît
- Et moi, sans olives si possible!
- Mais il n'y a pas d'olives dans la paella!
- Ah bon…? je croyais… ah oui, je confonds avec le tagine.
- Et moi ze veux des moules.
- Victor, on attend et on ne réclame pas.
- Oui mais ze veux des moules quand même.
- Maman, tu m'en mettras juste un peu, s'il te plaît.
- Moi, en revanche, tu peux me donner sa part.
- Sauf que sa part, tu pourras la partager entre nous deux!
- Les calamars sont superbes!
- Moi, je n'aime pas, si quelqu'un en veut…

Traditionnel, sans surprise, du vécu, de l'actuel, et bande-annonce pour l'année prochaine, puisque nous sommes en tacite reconduction.

Et puis le vin:

- Je nous ai mis du Bandol rosé de chez Stéphane, Château Maubernard, c'est superbe!

- Tu n'as plus le Château Miraval ? C'est celui que tu prenais avant, dit Richard
- Oui, mais depuis que ce Brave Pitt l'a racheté,[1] il a doublé son prix !
- Sa bouteille est superbe
- Mais tu auras certainement remarqué, que c'est plutôt l'intérieur qui est intéressant. Tu vas goûter celui-là, et tu verras que c'est vraiment bien.

Et ce fut unanime ! le vin était magnifique !

Instant magique, apothéose de la journée, rare moment de communion : accord général.

- Papy, je peux en avoir un petit peu ?
- Moi, je suis d'accord, Alex, mais Maman ?
- De toute façon tu l'as déjà versé, alors je n'ai plus rien à dire.
- Détrompe-toi, ma fille, je me serais plié à ta décision.
- Mmmouais… mais il est quand même un peu jeune.
- Je te rappelle que dans quatre mois, il vote !
- C'est pourtant vrai quc mon ncvcu va votcr… c'est fou ! Je te revois encore à notre mariage…
- Tu sais, dit Pierre à Alexandre en enchaînant sur la réflexion de Nicolas, que la jeune fille qui avait été chargée de te garder durant l'après-midi et le soir n'a jamais voulu avoir d'enfant après l'expérience qu'elle a vécu… je devrais même dire subie

---

[1] *N.D.L.R. : Brad Pitt*

Richard poursuivit :

- C'est vrai, je la revois qui courait derrière toi dans le parc. Elle était épuisée, mais pas toi !
- C'est une amie de Nancy, et elle lui a dit récemment que vraiment, elle ne veut toujours pas d'enfant !
- Ah, un asticot pareil, ça vous marque !
- C'est quoi un asticot, papa, dit Adrien ?
- Un asticot… comme le dit Tonton, ça signifie un petit diable. Mais en vrai, un asticot, c'est un petit vers blanc, qui vient d'un œuf de mouche.
- Alors là, respect ! dit Richard. Tu devrais faire prof de sciences-nat.
- Je te signale qu'on dit prof de SVT : Sciences de la Vie et de la Terre !
- Oui, c'est pareil, et j'étais nul, alors un nom ou un autre, pour moi le résultat est le même
- Qui veut un café ? Demanda Isabelle
- Maman, tu n'aurais pas de la chicorée, ou du café d'épeautre ?
- Tu ne veux pas plutôt de la Torréaline ? Rétorque Richard.

Tous les regards se retournèrent vers lui, car le nom Torréaline interpellait tous les présents.

- C'est quoi, ça ? Se hasarde Mathilde.
- C'est ce qu'on prenait pendant la guerre pour remplacer le café. J'ai fait une émission pour le Musée de la Gourmandise sur la cuisine de guerre et les substituts. Ça t'aurait plu : c'est de la chicorée torréfiée et du froment

- Mais c'est toi qui devrais être prof de SVT! Smashe Nicolas à son tour, reprenant la réflexion précédente.
- En tout cas, c'est débile comme proposition.

Mathilde, pincée, n'en resta pas là :

- Moi je demande quelque chose qui puisse remplacer le café, vraiment, ou du thé matcha, par exemple.
- Ah! oui, j'ai du thé matcha que nous avons rapporté avec Papa du Japon.
- Il doit être frais, dit Pierre, cela fait dix ans.
- Qu'est-ce que tu dis, ça ne fait pas dix ans.
- Non, c'est vrai, cela fera neuf en avril... donc pas de problème, c'est du frais!

Isabelle ne répondit pas, de son point de vue, cela n'en valait pas la peine.

Après ces agapes postdigestives, vint la traditionnelle séance du couchage des enfants, qui s'accordèrent, puisque c'étaient les vacances, un coucher à vingt-deux heures trente.

Démocratiquement, les parents jugèrent que vingt et une heure trente serait parfait.

Mais pour Maureen et Chloé, les deux grandes de treize ans, il n'était pas question de pratiquer les mêmes horaires que les petits! C'eut été déchoir.

Donc une négociation tripartite s'engagea.

Les filles, les parents, et les petits qui ne voyaient pas pourquoi « les autres » auraient des horaires différents.

- C'est pas zuste ! Dit Victor.
- Il n'y a pas de raison ! Surenchérit Adrien.
- Vous, les p'tits, la ferme !

Chloé venait d'exprimer une pensée en mots contenus, qui eut pu, dans d'autres lieux, donner des termes plus fleuris. Mais tout le monde était là, et il ne fallait pas risquer l'incident diplomatique.

Pierre, en « Patriarche », trancha que pour ce premier soir, ce soit vingt-deux heures pour tous. Conformément à la tradition nationale, cette décision, puisque décision il y avait, ne contenta personne, pas plus les parents que les petits ou les grands.

Mais comme de toute façon cette heure ne serait pas plus respectée que si vingt et une heure ou vingt-deux heures trente eussent été choisis, la soirée, comme le seraient les suivantes donnerait lieu aux comédies classiques :

- J'ai soif.
- Je ne trouve plus mon doudou.
- Il y a des bruits bizarres au plafond.
- J'ai mal au ventre.
- La porte n'est pas assez ouverte.
- Vous faites trop de bruit.
- J'ai pas sommeil !
- Qu'est-ce qu'on mange demain ?
- J'ai trop chaud.
- Je ne me suis pas lavé les dents.
- La paix les petits !

Vers minuit toutefois, l'extinction des feux était effective.

La maison trouvait alors une quiétude qu'elle avait abandonnée la veille pour ne la retrouver que Dieu seul sait quand.

VI

- Il ne faut plus que je mange autant, dit Isabelle à Pierre qui commençait à s'endormir.
- Tu as trop mangé ? Je ne t'ai pourtant pas trop servie
- Non, mais il faut vraiment que je fasse attention
- Tu veux perdre un os ?
- Ne rigole pas, je suis grasse comme une vache, je le sens bien
- Mais tu n'as pas pris un gramme depuis des années
- C'est vrai, mais il faut quand même que je fasse attention, parce que sinon, je pourrais grossir
- D'accord ! en attendant, bonne nuit.
- Tu as sommeil, toi ?
- Ben… oui
- Il n'y a rien qui t'a gêné ?
- Non…
- Tu n'as pas trouvé que Mathilde a maigri ?
- Non !
- Bon, je vois que ça ne t'intéresse pas, alors bonne nuit !
- Ma chérie, je ne vais pas te dire que je trouve qu'elle a maigri, juste pour te faire plaisir. Elle n'a

jamais été épaisse, et en plus elle fait attention à tout ce qu'elle mange.

- Justement ça m'inquiète.
- Reprenons. C'est ton poids ou celui de Mathilde qui te préoccupe ?
- Tu ne prends rien au sérieux ! Et tu as raison, bonne nuit !

Et là, en principe, sept heures doivent pouvoir s'écouler avant que la journée nouvelle ne commence. Mais...

- Il y a quelqu'un debout, tu as entendu ?

Pierre une nouvelle fois se redresse.

- Non, je n'entends rien.
- Si, on dirait que c'est dans le couloir.
- Fffffffffffff!!!!!!!! Si c'est Victor ou Adrien : c'est Nico et Silvia. Si c'est Camille ou Chloé : c'est Mathilde, et si c'est Maureen : c'est Richard ou Karine. Quant à Alexandre, il est quasi majeur, donc il s'assume.
- Tu ne veux pas aller voir ?

Pierre cette fois dodelina de la tête, une certaine lassitude transparait dans son geste, ce qu'Isabelle perçut. Alors elle ajouta :

- Bon je vais y aller !

Faisant mollement mine de se lever, elle fut devancée par la couette qui voltigea et le soupir exaspéré de Pierre, déjà debout.

Moins d'une minute après, il était de retour.

- C'était Karine qui allait prendre un Doliprane.
- Pourquoi, elle est malade ?

- Est-ce que je sais ? Maintenant on peut dormir ?
- Parce que tu ne lui as pas demandé ?
- Non. Et si ça continue, moi je vais aller prendre un Dormopan.
- On voit que tu n'en prends pas souvent, il y a au moins vingt ans que ça n'existe plus, le Dormopan.

Cette conversation nocturne peut avoir de multiples variantes, de multiples causes, et chaque année, le catalogue s'enrichit ! Et bien évidemment, au fil des vacances, les motifs prolifèrent, tous plus passionnants les uns que les autres :

- X ne se tient vraiment pas bien à table !
- Le petit du voisin dit beaucoup de gros mots !
- Z ne ferait pas un peu la tête à X ?
- Le rôti était trop (pas assez) cuit.
- Ça ne sent pas le brulé ? Avec cette voiture électrique qui reste branchée la nuit !
- J'ai trouvé le vin bouchonné.
- Qui va en courses demain ?
- Il ne faut pas oublier le, la, les … (cent quarante sept produits, au moins, peuvent faire l'affaire).
- Je trouve que cette année, cela se passe (mieux) (moins bien) que l'an dernier.
- L'eau de la piscine est trop froide, tu devrais mettre la pompe à chaleur.

Etc.

Sans oublier :

- Mais pourquoi, quand je dis quelque chose, j'ai toujours l'impression que tu t'en moques ?

Et le matin arrive, avec son flot d'aventures nouvelles en perspective.

VII

Karine est toujours la première levée.

Pierre pense qu'elle aime mettre la table du petit-déjeuner. En tout cas, lui s'en félicite, car il déteste cela. Il oublie toujours quelque chose, un verre, une tasse, un couteau, allumer le four alors qu'il a mis les croissants dedans, faire chauffer l'eau du thé, ou diverses bricoles que l'un ou l'une de la meute ne manque pas de lui faire remarquer… Enfin, pour ceux qui se lèvent avant dix heures.

Les autres œuvrent pour leur propre pitance, pour peu qu'ils aient faim, ou que l'heure avancée ne coïncide pas avec l'heure du déjeuner.

Ce matin-là, il fallait aller au centre hippique.

Premier cours, donc branle-bas de combat chez deux filles.

La troisième a renoncé : « le cheval c'est pas mon truc. Ce n'est pas tant le cheval qui me gêne, mais il faut curer les sabots avant de monter, et ça me fait vomir ».

Pour l'accompagnement de ces demoiselles, c'est Isabelle qui s'y colle.

Aussi, Il faut battre le rappel, non pas pour les filles, toujours prêtes, mais pour les accessoires.

- Tu as tes bottes ?
- Où est ta bombe ?
- Tu ne vas pas y aller avec ton pantalon tout neuf ?

- Tu as ton cahier d'exercices ?
- Et ton sac de brossage !
- Vous nous avez fait acheter des carottes, et vous ne les prenez pas ?

Le départ du groupe apporta une accalmie de quelques instants.

Jusqu'aux doléances des uns ou des autres, autour de la table, sur l'absence de confitures de mûres, le café trop (ou pas assez) fort, le thé en sachet beaucoup moins bien que le thé en feuilles, etc.

- Ce matin, il faut que j'aille à la borne pour recharger la voiture, dit Richard.
- Tu n'aurais pas préféré avoir un chien ? En fait, c'est moins de servitude.

Oups ! Mathilde venait de prendre un risque terrible. Attaquer dès le matin sur un sujet aussi sensible que la voiture électrique. Chacun se tut pour attendre la suite :

- Mais monter à trois sur un chien, avec les bagages, et même avec une prise dans le derrière, je ne suis pas sûr que l'on fasse la distance dans les temps.

Tout le monde se mit à rire. Ouf !

- Moyennant quoi, j'espère ne pas faire cinquante bornes pour en trouver une qui fonctionne.

Nicolas, très en verve, fit remarquer que s'il devait faire cinquante bornes pour en trouver une, il ferait mieux de mettre une éolienne sur le toit.

- Abi Rhabi devrait inventer quelque chose, tu ne crois pas Papy ?
- Et il a inventé ! Mais personne n'en a voulu, je

t'explique : les roues de la voiture en tournant entraînent une courroie qui fait tourner l'éolienne, qui fournit le courant pour la voiture et la fait avancer, ce qui fait donc tourner les roues, qui font tourner l'éolienne qui fournit le courant !

- Mon pauvre Alexandre, soupira Richard, nous y avons tous eu droit, petits, à Abi Rhabi et autres bêtises, et je suis sûr que tu raconteras les mêmes à tes enfants. C'est comme l'histoire du singe Augenblick, c'est de génération en génération !
- Moi ze connaît ogenblik, dit Victor, Papa y nous la raconte.
- Augenblick, on dit A O genblick reprit Adrien.

Pierre, pas peu fier de voir que ses « *sotteries* » se transmettaient de père en fils, allait enchaîner sur d'autres inventions géniales, quand l'inénarrable téléphone retentit.

- Cette connerie, je vais changer la sonnerie, tant pis pour votre mère, mais vraiment je n'en peux plus !

Il décrocha. C'était Isabelle.

- J'ai oublié mon chéquier pour payer les leçons, tu pourrais me l'apporter s'il te plaît. Il est dans mon autre sac, sur le bureau dans le salon.
- Mais tu lui donneras son chèque la prochaine fois !
- Ça ne se fait pas !
- Et me faire venir pour ça, ça se fait ? Ce n'est pas comme si on était des nouveaux clients… vraiment, parfois je ne te comprends pas.

- Mais j'ai horreur de ça. On doit payer d'avance, on paie d'avance, c'est tout !

- Mais tu vas bien rechercher les filles tout à l'heure ? donc tu vas rentrer ? alors quand tu retourneras tu lui donneras son chèque.

- Ah oui, je peux faire comme ça.

- Qu'est-ce que tu me disais hier : « *qu'est-ce que tu as dans la tête* ? » alors excuse-moi : un partout, la balle au centre !

- Bon, ça va ! J'arrive.

Pierre garda un moment le combiné en main, avant de le reposer sur son socle, puis lâcha :

- Sans commentaires !

Et pour lui-même :

- Parfois, j'ai l'impression de rêver…

Cet intermède avait rompu le cours de la discussion précédente, et Silvia profita du silence pour savoir si quelqu'un avait une pince à épiler :

- Je me suis enfoncé une épine de rosier hier soir et je l'ai presque sortie, mais avec une pince, ce serait plus facile.

Pierre craquait sur sa pointe d'accent italien. Cela faisait plus de dix ans que Nicolas et elle étaient mariés et il était toujours sous le charme. On a beau dire, l'accent anglais à vie de Jane Birkin est délicieux, certes, mais les intonations latines sont beaucoup plus charmantes.

- Je vais prendre ma douche sous l'abri piscine, dit Richard.

- Je pense qu'elle n'a pas encore eu le temps de

chauffer, prévint Pierre. Le soleil doit taper sur la colonne vers onze heures seulement.

- Ce n'est pas grave, l'eau froide ça revigore, et après, petit plongeon. Le matin c'est le rêve
- Tu ne devais pas aller charger la voiture, dit Karine ?
- Ah merde oui !
- Tonton il a dit un gros mot ! il doit donner un euro !
- Tu as raison Victor, c'est normal !

Pierre avait désormais, en théorie, quelques instants de relaxation. Pourtant, très souvent ceux-ci se transformaient en « mission courses » qu'il s'arrangeait pour partager avec l'un de ses fils. C'était en effet, un des rares moments où ils pouvaient se voir tranquillement.

Il pouvait paraître paradoxal que faire les courses soit vécu comme un moment de détente. Mais maintenant qu'il était à la retraite, il prenait le temps de regarder les étals : le mercredi ou le samedi au marché, les autres jours dans l'immense Leclerc ou, au contraire, le beaucoup plus petit Lidl.

Ce dernier avait trouvé un vrai filon avec ses consoles au centre du magasin, sur lesquelles on trouvait tout ce dont un bricoleur pouvait rêver.

Pourtant, Pierre n'était pas bricoleur, ou alors par la force des choses. Mais grâce à Lidl, il était désormais équipé comme un pro ! Du tournevis électrique en passant par la perceuse sur socle ou encore un touret à meuler double (?) (dont il pensait qu'il ne se servirait jamais… mais c'était joli, cette appellation) rien ne manquait.

Nous jetterons un voile pudique sur les bombes de peinture (ça peut servir) les disques de ponceuse du quatre cents au quarante (ça, c'était pour étonner ses fils quand il en parlait), de la pince pour chevilles moly pour cloisons creuses (en quatre ans il n'a pas eu à en utiliser une seule, tous les murs étant en pierres).

Par avance, il se délectait d'avoir à trouver les justifications qu'il aurait à donner à Isabelle pour expliquer son emplette.

Une seule fois il avait séché.

C'était pour un extraordinaire appareil, ressemblant à un gros cutter, dont l'emballage précisait qu'il excellait dans la découpe des papiers peints et celle des tissus à coupes non droites, en zigzag. (sic)

Pierre avait été fasciné, et l'objet ajouté au caddy.

Quand Isabelle, avec une perfidie toute féminine, lui demanda s'il posait souvent du papier peint, il dut reconnaître que non. Et quand elle s'enquit de savoir si un jour il avait eu à découper des tissus à formes non droites… il rétorqua que cela pourrait lui servir à elle.

À nouveau elle doucha son enthousiasme en affirmant que, bien que faisant souvent des coutures de toutes sortes (ce qu'elle faisait d'ailleurs fort bien, et il en était très admiratif) jamais elle n'avait ressenti l'utilité de couper à la main un tissu en zigzag. Acculé, il dut reconnaître que l'achat n'était donc, en effet, peut-être pas très judicieux.

VIII

Ce fut Nicolas qui proposa d'accompagner son père, pendant que Richard « *irait aux piles* ».

Cette expression l'amusa, car depuis des années, il y avait un poulailler sur une partie du terrain. Et le soir, c'était à celui qui « *irait aux poules* » pour leur donner les reliefs des repas, et bien sûr lever les œufs.

Ils décidèrent d'aller au Super U, situé seulement à sept kilomètres.

Super U c'était le centre commercial du village le plus proche. Autour de lui s'était construit tout un ensemble de commerces, vidant, hélas, le centre du bourg, qui possédait un charme infini voici encore une trentaine d'années.

À proximité de la grande surface, de l'autre côté de la route, dans une petite rue, lui conférant une intimité conviviale, se tenait une trattoria italienne, avec des produits d'une rare qualité, ce qui ne manquait pas de ravir les gastronomes qu'étaient les membres de la famille Lefebvre.

Comme de bien entendu, après le Super U, la halte chez Tito fut donc obligatoire, d'autant plus que lorsque l'on est marié à une Italienne, on se doit de cultiver des talents d'expert tout particuliers.

Nicolas était un très fin cuisinier, et sa vocation eut pu en faire un maître queux remarquable. Les labyrinthes du destin en décidèrent autrement, mais dîner chez lui était toujours un moment d'une extrême qualité.

- Que penserais-tu si l'on prenait de la mortadelle pour l'apéritif? Avec des *gressini* ce serait parfait
- Bonne idée. Et s'il a toujours son fameux saucisson sec, c'est une tuerie. Il m'avait dit l'an dernier qu'il le faisait venir des Abruzzes.
- C'est possible, tous ses arrivages viennent de là-bas.

Complété par l'achat de pâtes aux cèpes, l'arrêt Tito fut très reconstituant!

Sur le chemin du retour, Pierre prit le chemin des écoliers et choisit de passer par un charmant petit village semblable à ceux figurant sur les cartes postales d'antan, en noir et blanc.

Cela prolongeait leur complicité, échangeant des paroles sans fond véritable, mais empreintes d'une pudeur touchante.

Pourtant Nicolas, contrairement à son habitude, osa une parole plus personnelle qui surprit son père:

- Tu es heureux, Papa?
- Quelle drôle de question? Mais bien sûr que je suis heureux, je pense même que cette période correspond à l'une des plus heureuses de ma vie.
- Mais c'est un tel changement de rythme, que Richard et moi nous n'aurions pas parié un Kopeck sur cette reconversion. Et tu ne nous bluffes pas? Cela te convient vraiment?
- Absolument, je garde pas mal d'activités, de contacts, nous voyageons, et la vie depuis quelques années a tellement changé qu'un grand

nombre d'amis de ma génération a du mal à s'acclimater. En fait, la seule chose qui nous chagrine, ta mère et moi, c'est que tous les 365 jours, on prend un an de plus.

- Je pense que c'est le lot de tout le monde !

- Oui, mais à quarante ans, un petit bobo passe inaperçu, à cinquante on le regarde, à soixante on le scrute, et après soixante-dix on file chez le médecin dare-dare. Cela doit correspondre à ce que l'on appelle la trouille du vieillissement.

- Mais vous êtes tous les deux en superforme !

  Si tu le dis, c'est que cela doit être vrai, et, pour ne rien te cacher, je pense en effet que tu as raison.

Ils rirent tous les deux de bon cœur.

- Toute la famille, tous les ans, cela ne vous fatigue pas trop ?

- C'est le rituel et le privilège de tous vous avoir ensemble. Nous ne changerions cela pour rien au monde. Et chaque année c'est une expérience nouvelle !

Que pouvait dire d'autre, Pierre ?

Et en fin de compte, c'était la pure vérité.

Même si des nuances pouvaient être apportées…

Des nuances parfois plus accentuées.

Des nuances qui faisaient que le jour où le dernier partait, on avait presque envie de sortir les mirlitons, les chapeaux pointus, les boules qui piquent, et faire la fête !

Mais le lendemain, tout était devenu si vide qu'il fallait se secouer pour ne pas sombrer dans la tristesse.

IX

Quand ils revinrent à la maison, tout le monde était dans le jardin en train de faire une partie de pétanque. Pierre avait convaincu Isabelle de prendre sur la surface du parc un espace pour y faire un terrain de boules.

Ce ne fut pas facile, mais avec l'aide d'amis venus en fin d'année précédente et qui, chez eux, avaient craqué (apportant la preuve à plusieurs reprises de la pertinence de cette idée) Isabelle, non sans réticence, avait baissé les bras.

Et en fait, elle reconnaissait aujourd'hui que l'initiative n'était pas si stupide.

Il suffisait, pour s'en convaincre, de voir la quasi-totalité de la famille « jouer l'apéritif du soir », avant le repas du midi.

Quasi-totalité seulement, car les deux adolescentes Maureen et Chloé étaient encore rivées à leur téléphone.

Pour Isabelle et Pierre, ces téléphones étaient un véritable cauchemar.

Du matin au soir, et du soir au matin, elles étaient le nez sur cet engin de malheur, à envoyer des SMS ou à en recevoir, à consulter Tic-Toc, à rédiger des mails (l'usage de ce terme « rédiger » est à utiliser avec une certaine ironie...) ou à consulter ceux reçus, etc.

Et rien n'y faisait. Les menaces, les appels à la prise de conscience, les risques d'addiction, les alertes sur les maladies engendrées, tout ceci demeurait sans effet.

Il fallait se rendre à l'évidence. On allait faire des générations de robots à doigts palmés, à la tête vidée et assujettis aux idées des autres, éliminant doucement mais sûrement, et en parfaite inconscience, tout libre arbitre.

Lors de leurs dernières venues, Chloé et Maureen, avaient passé 80 % du temps dans leurs chambres.

Généralement, en pleine journée, c'était dans le lit, ou, au prix d'un effort on ne peut plus héroïque, sous le bureau de la pièce refuge, coincée entre la fenêtre et l'armoire pour l'une, et derrière la porte pour l'autre.

Camille, la petite, abandonnée à elle-même, se cherchait de nouveaux endroits improbables pour jouer sur son IPad !

Pierre avait entendu une chronique du neuro psychiatre Boris Cyrulnik, évoquant le cas des Japonais dont une partie de la population, âgée de dix-huit à vingt ans, avait choisi de s'isoler avec téléphones ou tablettes, pour ne pas avoir à affronter la vraie vie.

Ils vivent ainsi en cent pour cent virtuel, dans une pièce close, en autarcie, coupés de tout, sauf de leur écran.

Ils deviennent des retraités, à peine sortis de l'adolescence. Et cette tendance s'accroît à grande vitesse, faisant déjà des émules dans d'autres parties du monde.

Isabelle avait été très marquée par l'attitude de ses petites filles, et malgré leurs efforts avec Pierre pour tenter de les attirer vers différentes activités (vélo, sorties culturelles ou récréatives) ils n'obtenaient que des non-mercis, où, les jours de grande éloquence, bof! non merci.

Avec cette période d'été et l'attrait de la piscine, l'espoir d'une amélioration se pointait, mais n'était-ce pas trop optimiste ?

Richard venait de réussir un magnifique *carreau* au détriment de la boule de Mathilde, succès certainement explicable par l'euphorie d'avoir trouvé une borne en état de chargement.

À peine remise de son émotion d'avoir été virée de la proximité du cochonnet, Mathilde réussit un lancer, la plaçant *en biberon* du *petit*.

- Ce n'est pas possible ! Une chance pareille, c'est interdit ! Tu es sûre qu'il est à la boutique, Maxime ?
- C'est le talent, frérot, le talent, c'est tout ! À propos, Papa, il arrive demain à dix-sept heures dix à Angoulême
- Très bien. Tu vas le chercher ?
- Ah... ben non, je pensais que tu pouvais y aller, moi je voulais aller avec Maman chez Action, pour faire les achats scolaires de la rentrée.
- Les achats scolaires pour la rentrée ? Mais nous sommes le quatre août, et vous avez encore...
- Oui, mais si on n'y va pas tout de suite, il n'y aura plus rien !
- Oui bien sûr. D'ailleurs nous avons vu chez Super U, il y avait déjà des queues de cent mètres au rayon des crayons papier. Alors j'imagine chez Action ! C'est fou ce que la consommation marche dans ce pays !
- Mon petit papa...
- Pfffffffff, j'peux plus ! dix-sept heures dix tu me dis ?

- Oui, c'est ça !
- Qui veut venir avec moi ?

Un silence, troublé par un tracteur qui passait sur la route, fit écho à la sollicitation.

- OK, je m'y colle
- Moi, Papy ze veut venir avec toi. S'empressa Victor, qui avait oublié qu'il pouvait vomir à chaque virage.
- Ah, mon chéri, tu es bien le meilleur de cette tribu. Mais non, tu vas rester avec tout le monde pour aller à la piscine. Avec cette chaleur, ce sera bien mieux pour toi !
- Tu veux que nous y allions ensemble, Dit Richard. On prendra ma voiture et tu la conduiras, tu ne l'as jamais prise
- Tu es gentil, mais garde ta charge, j'irai seul, comme un pauvre
- C'est comme tu veux. Bon alors, on en est à huit pour vous, et sept pour nous, c'est cela ?
- Mais non Tonton, on a huit aussi

Adrien n'aimait pas perdre. Du haut de ses neuf ans, il avait toujours le même objectif : gagner. Il fait de l'escrime, et a perdu en finale régionale contre un adversaire qu'il avait déjà battu deux fois. *« S » 'est pas zuste* ! Avait décrété son frère, en supporter infaillible.

Adrien lui, veut devenir champion de son club, puis champion de France et après, champion olympique. « Après je m'arrêterai » a-t-il affirmé avec aplomb.

Alors il n'est pas question qu'il perde aux boules, même en faisant équipe avec son oncle. Donc si on peut grignoter un point… c'est toujours ça de pris.

Le déjeuner, puis l'après-midi, et enfin le dîner, furent des modèles de classicisme :

Les filles ne mangèrent pas, ou presque.

Demandèrent à quitter la table avant que les autres n'aient fini, puisque la veille au soir, elles s'étaient fait reprendre à sortir sans autorisation (tradition séculaire et totalement désuète, voire has been, mais toujours appliquée chez les Lefebvre).

Victor s'inquiéta le midi de ce que l'on mangerait le soir, et le reste de la famille dégusta d'un bon appétit les tomates du potager, les concombres du potager, les betteraves du potager, les pommes de terre du potager, et du jambon, surtout sans sel nitrité ni pesticides, de la ferme des acacias, commandé spécialement chez Pourdebon par internet, pour ne pas avoir de réflexions sur les horreurs que l'on pouvait avaler.

La piscine, à trente degrés, était limpide, les transats confortables et les vacanciers bien accueillis.

Les trois filles et les trois garçons faisaient avec les adultes (alternativement) des longueurs, ou des jeux de ballon.

Pour autant, les deux adolescentes, séparées de leur iPhone, n'osaient le dire, mais le pensaient très fort : comment se faisait-il que personne n'ait imaginé des téléphones amphibies, qui permettraient de rester connecté, en ligne, avec Tic Toc ou autres, en faisant du crawl ?

Peut-être faudrait-il qu'Abi Rhabi pense à une invention géniale ?

Isabelle et Dorix remettaient la maison en ordre, afin qu'un nouveau désordre puisse bientôt régner, Gérard, quant à lui, ratissait les allées où les arbres, accablés par la chaleur et la sécheresse, laissaient déjà allégrement tomber leurs feuilles.

Pierre, vers dix-huit heures, avait proposé de faire du vélo, mais :

la canicule,

la sécheresse,

le vent,

la douleur à la jambe,

ou encore :

les maux de tête ou de ventre,

les yeux qui pleurent avec cette foutue allergie,

le jour impair,

la pleine lune,

ou le livre à terminer,

furent autant de raisons pour qu'il aille faire seul quelque quinze kilomètres dans la campagne.

Le lendemain matin, Pierre se leva tôt, et retrouva Karine, comme à l'accoutumée, avec Silvia, pour préparer le premier repas du jour.

Quelques minutes s'écoulèrent avant que Maureen et Chloë ne fassent leur apparition.

Surprise ambiante garantie. Il n'était que sept heures trente !

- Nous avons décidé de faire du vélo avant qu'il ne fasse trop chaud.

Maureen, pas peu fière de son effet, regarda sa cousine, et ajouta :

- N'est-ce pas Chloë ?

La cousine en question approuva, et demanda si elles pouvaient avoir de quoi prendre leur petit-déjeuner en pique-nique.

Maman Karine, et Taty Silvia, s'empressèrent de sortir les croissants, de faire un chocolat chaud que l'on mettrait dans une bouteille thermos, d'y joindre des abricots et deux bananes (pour le potassium, c'est bien le matin dit Silvia) le tout trouvant place dans un sac à dos que Maureen se proposa de porter.

Pierre alla préparer les deux vélos, car il fallait vérifier si le gonflage était bon, rappeler le fonctionnement du dérailleur, ce que les deux avaient oublié (mais le surent-elles un jour ?) et pour confirmer ses dires, retourner les vélos en expliquant que les vitesses ne se passent que lorsque l'on pédale, et faire la démonstration des petits et grands développements.

Vu l'heure matinale, les neurones des nanas n'étaient pas encore connectés, et il lui sembla judicieux de donner quelques procédés mnémotechniques à ses deux petites filles, possédées soudain par le goût de l'effort.

- Si vous êtes dans une montée, vous songez que vous devenez rouges sous l'effet de l'effort. Donc vous tournez la poignée vers le point rouge que j'ai marqué sur le guidon, alors vous serez sur le grand pignon arrière, et ce sera moins difficile d'appuyer sur les pédales. Mais si vous restez ainsi, revenues sur le plat, vous pédalerez dans la semoule, c'est-à-dire vite pour ne pas avancer. Aussi, Lorsque vous êtes sur le plat, vous ramenez sur point vert, et la chaîne ira sur le milieu du pignon.

- En revanche, si vous voulez aller très vite sur le plat, ou en descente, vous tournez vers le blanc, et la chaîne ira sur le petit pignon. Ce sera plus dur d'appuyer, mais chaque tour de pédale vous fera faire un plus grand nombre de mètres. Pour la promenade, mettez-vous sur le vert, et gardez à l'esprit ce que je vous ai dit. Bien Compris ?
- Oui Papy, firent-elles en cœur !

Pierre fut sceptique, mais après tout, les miracles existent.

À huit heures trente, les filles s'élançaient vers leurs aventures, non sans avoir emporté le bip, permettant d'ouvrir le portail.

À huit heures cinquante, elles étaient de retour.

Il faisait déjà trop chaud. Le vélo de Chloé faisait un bruit bizarre, et Maureen pensait que le sien était dégonflé.

Elles reposèrent leur sac à dos toujours porteur du petit-déjeuner, et en extirpèrent leurs téléphones, pour repartir dans leur chambre.

- Vous ne mangez pas dit Karine ?
- Non, on n'a pas très faim.

Isabelle, Richard, Nicolas, et les lève tôt qui les avaient rejoints se regardèrent, soupirèrent, et, déjà accablés psychologiquement, s'apprêtèrent à entamer la troisième journée de vacances.

X

L'arrivée de Maxime était l'événement de la journée, sans oublier bien sûr la visite chez Action, magasin d'anthologie, où petites et grandes adoraient se rendre, dans ce qu'elles appelaient la caverne d'Ali Baba.

Pour les filles, c'était le rayon des bonbons incroyables, des jouets ou des jeux à des prix défiant toute concurrence. Pour les grandes, c'était celui des objets déco et articles créatifs, à prix sans commune mesure avec les tarifs des autres magasins. Bref le paradis sur terre pour trouver ce dont vous n'aurez peut-être jamais besoin, mais aussi, et c'était l'alibi irréfutable : des fournitures scolaires et de bureau.

Pour un tel déplacement, il fallait s'organiser et préparer les esprits de chacun, car ce jour-là, les femmes avaient décidé de s'y rendre seules :

- Pour Camille, la promesse de venir seule la prochaine fois, avec les adultes, dans le magasin, pour acheter ce qu'elle voudrait.
- Pour Chloé et Maureen, la satisfaction qu'elles trouveraient à rester à la maison « comme des grandes, qu'elles sont… !!! »
- Pour Mathilde, Karine et Silvia, expliquer à qui voulait les entendre, la difficulté qu'il peut y avoir à aller en pleines vacances accomplir leur dure tâche familiale, alors qu'elles seraient si bien à faire autre chose.
- Et enfin, persuader Nicolas que, pour Adrien et Victor, ce serait fantastique s'il les gardait, plutôt que

les laisser aller s'enfermer dans un magasin dont ils se moquent totalement.

Tout ceci pour justifier leur départ en solitaire.

Mais le plus difficile est généralement le retour, lorsque les fournitures scolaires en question ne dépassent pas le volume d'une trousse, et qu'en revanche débordent les coffres des voitures d'abat-jour, de coussins, de flacons, de boîtes en plastique, de bougies, de sous-vêtements et de chaussettes, de fleurs artificielles et autres éléments essentiels à la vie quotidienne.

Pierre, lui, avait accepté « de son plein gré » d'aller chercher Maxime à Angoulême.

Il prévoyait une heure de trajet sachant que le parking était facile devant la gare du chef-lieu de la Charente, et lieu de prédilection de la BD avec son célèbre salon.

Maxime, le mari de Mathilde était un bosseur. Il avait créé l'entreprise de savonnerie qu'il exploitait avec sa femme, se répartissant tous deux les fonctions d'élaboration, de fabrication, et d'administration pour lui et de commercialisation, mise en place et communication pour elle.

Il avait commencé sa carrière en tant que consultant dans un groupe américain, et avait souhaité par la suite rompre avec le rythme infernal et changer totalement d'orientation, en rachetant une petite fabrique régionale.

Le résultat était bénéfique car l'affaire tournait bien, et la vie de province réussissait parfaitement aux enfants qui pouvaient s'épanouir, loin du stress parisien que les parents avaient bien connu et qu'ils avaient fui. Seule ombre au tableau, la charge de travail était telle que le couple avait un mal fou à s'accorder des moments de loisirs. Un comble quand on sait que c'était justement l'objectif de liberté qu'ils s'étaient fixé tous deux en quittant la capitale.

Mais trouver du personnel pour la fabrication était un vrai problème, dans une région pourtant fortement touchée par le chômage. Là comme ailleurs, depuis la covid s'était développé le concept du *travailler moins pour gagner plus* et l'on partait dans l'inconnu, avec la généralisation du télétravail que souhaitaient les salariés, quelles que soient leurs activités.

Télétravail dans la fabrication du savon n'était guère aisé, et l'appellation *Netflix-travail* semblait plus évocatrice du concept que recherchaient véritablement les rares candidats qui se présentaient à Maxime.

Le train était à l'heure, et Maxime fut l'un des premiers à descendre du TGV arrivant de Bordeaux.

Il aurait dû voyager léger étant donné que Mathilde l'avait précédé avec la voiture, mais il y a toujours des petites choses que l'on oublie… et il avait donc une grosse valise !

Pierre s'en étonna, mais peut-être n'aurait-il pas dû, car il avait mis ainsi « dix sous dans l'bastringue », comme l'on disait, voici bien des années.

- C'est toujours pareil, les filles oublient leurs affaires, personne ne vérifie, et à l'arrivée c'est moi qui m'y colle et qui me trimbale la valise.
- Rassure-toi, c'est quelque chose qui est très partagé… il est bien rare que nous-mêmes…
- Sauf que nous, c'est sans arrêt. Il n'y a pas une fois où l'on n'oublie pas un truc ou un machin. C'est

invraisemblable ! Je peux te donner dix exemples récents…

Une voiture leur coupa soudain la route, venant de la gauche, et Pierre donna un violent coup de freins qui empêcha la collision de justesse.

Cela coupa ainsi opportunément l'épisode des oublis, qui aurait pu meubler l'ensemble du voyage.

- Bon, alors Maxime, et les affaires, tu es content ? Mathilde nous dit que cela marche fort.

Maxime reprit en effet les termes de Mathilde sur le fonctionnement de l'affaire, sur la quasi-impossibilité de recruter, en ajoutant un couplet sur les charges en augmentation, l'énergie dont les coûts prohibitifs allaient les contraindre à augmenter sérieusement leurs prix de vente avec les risques de voir la clientèle ne pas suivre… Bref, un langage à l'image de l'ensemble du monde professionnel, avec ses inquiétudes, ses incertitudes, et ses craintes sur la situation internationale.

Le dialogue continua sur ces différents sujets, où ils se trouvaient en phase, la plupart du temps.

Quand ils arrivèrent à la maison, curieusement, et contrairement à l'habitude, Chloé et Camille ne se précipitèrent pas vers leur père.

Elles devaient être au fond du parc, et ne les avaient pas entendus revenir. En revanche, l'ensemble de la famille abandonna ses occupations pour venir saluer le dernier arrivant.

Mathilde était déjà revenue, et avec elle Isabelle, Karine et Silvia.

Surprise de Pierre, en particulier, car il n'eut pas été étonnant qu'un pareil équipage puisse rester sur place, sans complexes, jusqu'à 19 heures, heure de fermeture du magasin.

Il n'en fut rien et il s'interrogea sur ce qui avait bien pu justifier ce retour à une heure si raisonnable.

Il alla vers Isabelle, pour lui poser la question, mais pour toute réponse, elle dit :

- Tu demanderas aux filles.
- Elles sont venues avec vous ? je pensais qu'en fin de compte vous vouliez y aller seules.
- Nous y sommes allées seules.
- Alors je ne comprends pas… où sont-elles ?
- Au fond, vers le potager.
- Je vais sonner la cloche et elles vont revenir, je ne vais pas courir derrière elles. Elles ont fait une connerie ?
- Je te dis, tu verras avec elles.
- OK, en attendant qu'elles arrivent, je monte me changer.

Pierre monta l'escalier qui dessert les chambres et les salles de bains et remarqua que la porte de la chambre de Camille était fermée. Comme la clim était en marche, les portes devaient être ouvertes pour améliorer la circulation de l'air frais. Il voulut ouvrir ladite porte, mais elle était verrouillée de l'intérieur.

- Camille sort de cette chambre, s'il te plaît !

Aucune réponse ne se manifesta.

- Camille sort de là, je sais que tu es à l'intérieur. Dépêche-toi, s'il te plaît !

Toujours aucune manifestation en provenance de la pièce.

Pierre sentit l'agacement le gagner quand Richard arriva à l'étage.

- Camille est dehors, dit-il, va les voir, elles y sont toutes.

Pierre regarda son fils et le trouva bizarre :

- Ça ne va pas toi ?
- Descends s'il te plaît, moi, je vais me reposer.
- Enfin qu'est-ce ce qu'il se passe ici, c'est quoi ce cirque ?

Richard était rentré dans sa chambre sans un mot supplémentaire.

Pierre redescendit l'escalier et sortit par la porte arrière donnant sur le jardin.

Les trois filles, Chloé, Camille et Maureen, en larmes, lui faisaient face, entourées par Karine, Nicolas et Silvia.

Pierre chercha Isabelle des yeux mais ne la vit pas.

- Qu'est-ce qu'il se passe ? Comment se fait-il que la porte de Camille soit fermée à clé de l'intérieur et qu'elle soit là ?

Chloé s'avança la première :

- Ne te fâche pas, on va t'expliquer…
- Mais enfin, m'expliquer quoi ?

Maureen était secouée par des sanglots.

Chloé reprit :

- Voilà, Camille a embêté Maureen, et Maureen lui a dit d'arrêter. Mais elle a continué. Alors Maureen en a eu assez, et elle est partie en courant dans la chambre de Camille, et elle a fermé la porte à clé.

- Et alors ? dit Pierre, de plus en plus curieux.
- Ben… la clé était coincée, et elle n'arrivait plus à ouvrir. Alors elle nous a dit de venir derrière pour qu'elle puisse sauter par la fenêtre.
- Pour qu'elle puisse quoi ?????
- Sauter par la fenêtre ! Nous, on lui a dit de ne pas faire ça, que l'on allait chercher Tonton Richard, mais elle n'a pas voulu, elle avait peur de se faire disputer, et nous a fait promettre de ne rien dire et… elle a enjambé la fenêtre, et elle a sauté.
- Elle a sauté… du premier étage ? Mais cela fait au moins quatre mètres, ce n'est pas possible !!!

Maureen redoublait de sanglots.

Pierre regardait sa petite fille, éberlué, qui visiblement n'avait absolument rien.

- Mais comment as-tu fait ? Enfin, ce n'est pas possible ?

Essayant de parler, Maureen, expliqua qu'elle avait enjambé la fenêtre, en arrière, qu'elle s'était tenue les pieds dans le vide en s'accrochant au rebord, et s'était laissée tomber.

Pierre ne dit pas un mot, et en quelques enjambées rejoignit l'arrière de la maison, mesurant mentalement la hauteur de la fenêtre, à quelques quatre mètres, puis regarda le sol, et vit les cailloux enfoncés sur deux points, correspondant aux traces laissées par les pieds de Maureen.

Comment se pouvait-il qu'elle n'ait strictement aucune blessure ? Le minimum c'eut été les chevilles… ou alors les jambes, ou même la colonne vertébrale… Il stoppa l'escalade des probabilités, un frisson le glaçant en entrevoyant le pire.

Il rejoignit les autres, Karine était toujours livide, elle aussi touchée rétrospectivement. Quant à Richard, Pierre comprit que son fils avait lui aussi imaginé l'horreur et appréhenda sa détresse après coup.

- Écoutez, je ne sais que dire ! c'est hallucinant ! Mais qu'est ce qui t'est passé par la tête ? Tu ne pouvais pas appeler Papa ?
- J'ai eu peur de me faire disputer.
- Et tu as préféré faire une stupidité pareille qui aurait pu te mener dans un fauteuil roulant pour le reste de ta vie ? Et cela dans le meilleur des cas ! Maintenant, je vais vous dire ce que vous allez tous faire, c'est remercier le ciel, votre ange gardien, ou qui vous voulez, mais remerciez, car c'est un vrai miracle que cette affaire se termine ainsi.

Chacun était choqué. Mais il fallait réagir.

La famille venait de passer à proximité d'un véritable drame, où la sottise d'une adolescente pouvait faire basculer l'existence de tous.

- Maintenant, il faut aller récupérer cette clé et ouvrir la porte. Je vais prendre l'échelle et monter dans la chambre.

Isabelle, de retour, immédiatement s'interposa.

- C'est hors de question, tu ne montes pas à l'échelle !
- Mais c'est une échelle double, il n'y a absolument aucun danger
- C'est hors de question, je t'interdis de monter !
- Mais ma chérie, tu as oublié tes classiques de Mai 68 : il est interdit d'interdire. Pourtant tu étais sur les barricades !

Pierre riait, certainement nerveusement, mais il savait qu'il pouvait faire enrager sa femme en rappelant simplement cette période où tout les opposait. Mais la faire enrager, n'était à cet instant pas vraiment la bonne idée.

Nicolas intervint.

- Papa, Maman à raison, c'est moi qui vais y aller.
- Enfin, fichez-moi la paix ! Je suis quand même encore capable de monter dix barreaux d'une échelle !

Isabelle reprit de plus belle :

- On a évité le drame avec Maureen, et tu veux maintenant, toi, te retrouver à l'hôpital !

Pierre n'écoutait plus et alla dans le garage chercher l'échelle.

Les objections continuaient.

Pierre, imperturbable, procéda à la mise en place, veillant à la bonne stabilité de l'installation malgré les cailloux.

- Laisse-moi au moins te tenir l'échelle !

Nicolas vint se joindre à sa mère.

- Je ne sais pas si vous vous rendez compte du déploiement de forces pour un malheureux étage… On rêve !

Pierre grimpa les marches, enjamba la baie, et entra dans la chambre.

Il alla ensuite vers la porte, essaya de tourner la clé. Effectivement, rien ne se passa. Il appuya fortement et tourna à nouveau la clé. La serrure se décoinça.

Il sortit de la chambre, passa devant celle de Richard, et dit à travers la porte :

- Tu peux venir, tout est terminé !

Et il redescendit l'escalier.

Il croisa Maxime, qui, sans se douter de rien, était allé vider sa valise.

XI

Pierre avait cru bon de déboucher un magnum de champagne.

Pour neuf adultes trois quart, il fallait bien cela !

Et boire une coupe à la santé d'un ange gardien, c'est une action salutaire à laquelle, espérons-le, l'ange serait sensible.

Le calme étant revenu, il valait mieux passer à autre chose, ce qui d'ailleurs, en toute logique n'allait pas tarder.

Le hasard avait voulu que le repas du soir se compose d'un gratin de coquillettes au jambon.

Ce plat ravit petits et grands. Pas une seule protestation ni rechignement dans la consommation, juste quelques sujets de conflits mineurs pour savoir :

- Pourquoi Camille avait le verre jaune qui est celui d'Adrien ?
- Pourquoi Victor ne pouvait pas reprendre une troisième fois des pâtes alors qu'il avait encore faim ?

« *C'est pas zuste !* » Ce fut la clôture logique du pitchoun.

Par une forte journée de canicule, le lendemain fut à l'image de ce que l'on est en droit d'attendre d'une équipe de rugby et de son entraîneur : survitaminé.

Tout le monde se leva tôt d'un commun accord, la température étant annoncée à plus de trente-huit degrés.

Personne ne songea à dire avec humour qu'au-delà de trente-sept cinq c'était de la fièvre, mais c'est dommage car c'eut été une excellente prémonition, en fonction de la suite.

Premier petit-déjeuner presque au complet, Dorix et Gérard restant sur leur domaine.

- Croissants galettes pour qui ? demanda Alexandre qui s'était chargé du ravitaillement des viennoiseries.

Les deux petits en étaient fans et levèrent la main, tout comme Mathilde et Maxime.

- Il y a des croissants normaux ? demanda Isabelle.
- Non, Mamy, je les ai tous faits en galette.
- Bon, ce n'est pas grave, de toute façon, les croissants ce n'est pas mon truc, ça fait des tas de miettes partout. Je préfère les financiers.
- Des Financiers, je ne crois pas qu'il y en ait, Mamy.
- Non, je sais mais je dis cela comme ça.
- C'est dommage qu'il n'y ait pas de financiers, dit Karine. C'est vrai que c'est bon.
- C'est quoi des financiers dit Chloé ?
- Des gâteaux aux amandes.
- Et cela s'appelle des financiers parce qu'ils gèrent le paiement des amendes... dit finement Richard.
- Pourquoi, il faut payer les amandes ? Interrogea Silvia.

- Fais pas attention, c'est l'humour à deux balles de mon frère chéri.
- Moi, je trouve cela très bon ! intervint Maxime.
- Les financiers ? Dit Mathilde, tu ne m'as jamais dit que tu aimais ça.
- Je ne parlais pas des financiers, mais de la blague de Richard.

Pierre qui n'avait pas ouvert la bouche depuis *le coup d'envoi* jugea qu'il pouvait peut-être émettre une idée :

- Nous avions fait l'an dernier une liste des souhaits de chacun pour les plats des déjeuners et dîners. Pour le petit-déjeuner, on pourrait peut-être faire un… amendement.

Pierre attendit l'effet de sa réplique… mais rien ne vint.

Nicolas ne fit pas de commentaires, mais, doucement souffla :

- J'ai entendu dire qu'il y en a d'excellents *Amande la Jolie.*
- De quoi ? Des financiers ? Questionna Karine.
- Excellent ! dit Richard.
- Pourquoi, tu les connais ? reprit Karine.
- Non ? Ma femme, tu le fais exprès ?
- Tu es pire qu'Amanda… Lear, surenchérit Nicolas.
- C'est qui ? Demanda notre italienne, je ne connais pas.
- Rien à en tirer ! pourtant son prénom fait très italien.
- Mais je ne peux pas connaître tout le monde !

Pierre en bon beau-père de famille vola au secours de la malheureuse Silvia :

- Ne t'inquiète pas, cette fois-ci, c'est un jeu de mots très fin de ton mari chéri.
- Je ne le comprends pas !
- AMANDa Lear… c'est une chanteuse sulfureuse qui…
- Ah, moi je croyais qu'il parlait d'un amant du Roi Lear !
- Là, on sent la culture ! s'extasia Pierre. Honte à vous les autres, vous n'êtes pas du tout dans la même cour !
- Et bien je te… reBercy, comme disent les… financiers… enrhumés !

Richard venait de boucler la boucle, car personne ne reprit la parole, alors que visiblement, presque tous cherchaient la bonne réplique… sans la trouver.

XII

Les menus étaient faits très à l'avance à partir des plats préférés et proposés par l'ensemble de la famille. Isabelle faisait les courses avec Dorix pour la semaine, et Pierre allait de-ci de-là pour chercher ce qui pouvait avoir été oublié, c'est-à-dire qu'il n'était que très rarement oisif.

Aujourd'hui, il devait mettre des produits dans la piscine, car ce n'était pas le moment qu'elle tourne. Tous nageaient bien, du plus petit au plus grand, et il n'était pas question de se priver de cet élément de cohésion.

Quand il arriva à proximité du bassin, il vit un certain nombre d'objets qui flottaient pour les uns, ou nichaient au fond pour les autres.

Lunettes, bonnets, maillots, bouées, ballons dont certains bouchaient les skimmers, donnaient l'impression d'un abandon systématique, avec une filtration ne pouvant plus montrer son efficacité.

Pierre sentit un moment de lassitude le submerger car il avait insisté auprès de chacun pour que le soir tout fût rangé, sans exception.

Il retira l'ensemble des objets, se félicitant de ne pas avoir mis la bâche de protection, car sous l'abri, c'était l'étuve : quarante-trois degrés. L'eau, elle était à trente degrés. La bâche empêchait l'eau de se refroidir la nuit, mais il n'y avait aucun risque puisque la température ne descendait pas en dessous de vingt-deux degrés à l'extérieur.

Et il n'était que onze heures trente.

Après ces moments d'agacement, Pierre se réfugia dans le potager pour retrouver la sérénité.

Non qu'il soit pour quelque chose dans les produits qui y poussaient, car Isabelle était là sur son terrain de prédilection et il ne contestait en rien sa suprématie.

Des tomates, aux pommes de terre, en passant par les concombres, les courgettes, les oignons, les poivrons, les salades, les haricots verts, les betteraves, sans oublier les courges butternut, c'était un festival.

Lui, son champ d'action, c'était son rang de vignes, l'installation de l'irrigation par l'arrosage goutte-à-goutte, et le passage de la motobineuse entre les rangs des plantations d'Isabelle.

Et bien sûr contrôler le bon niveau de l'arrosage.

Les températures obligeaient à corriger sans cesse les débits et la durée. Le forage sur le terrain apportait l'eau nécessaire, mais des petits détails pouvaient détruire tous les efforts du jardinier: les maudites piles des programmateurs qui se vident subrepticement; la vanne d'arrivée d'eau, abaissée par un des monstres en villégiature; sans parler des merles, assoiffés qui se ruent sur tout ce qui peut satisfaire leur convoitise (les tomates en fin de mûrissement comblent cet appétit).

Pierre y passa l'heure qui précédait le déjeuner, jusqu'à ce que la cloche sonne pour réunir tous les participants.

Cette cloche était suspendue à l'extérieur de la cuisine, et provenait d'un bateau de croisière norvégien ayant été désarmé en 1960. Son tintement, audible sur l'hectare et demi de la propriété, était le signal du rassemblement et s'avérait d'une rare efficacité. La tablée était impressionnante, et n'était pas sans rappeler celles qui marquaient les cérémonies d'antan dans les campagnes.

Mettre la table et la débarrasser était un cérémonial bien orchestré. Les enfants avaient chacun leur rôle, et chacun s'était attribué le rang de Chef. Il y avait ainsi, le chef des serviettes, le chef des verres, la chef des couverts, la chef des assiettes, etc.

Cela se passait sans trop de difficultés, pour peu que personne n'empiète sur les prérogatives de l'autre.

Si, bien sûr, la chef de l'eau mettait les bouteilles avant que la chef des assiettes n'ait œuvré, il y avait problème, au même titre si le chef des verres ne respectait pas les couleurs auto décidées par chacun des enfants, le conflit naissait immédiatement.

Dorix surveillait et souvent intervenait pour clore des débats qui eussent été sans fin.

Au menu de ce jour, en entrée : tomates, basilic, mozzarella et petits oignons rouges. Et en plat : brochettes de bœuf marinées et ratatouille

En évitant de dénoncer les acteurs, on peut toutefois résumer les conversations qui suivirent :

Du côté des enfants :

- Moi, je veux bien l'entrée, mais sans mozzarella… et puis je n'aime pas le basilic ! Alors ce n'est pas grave, je ne prendrai rien.
- Moi, j'adore la mozzarella mais je ne voudrais que ça, nature et sans basilic !
- Moi Mamy, j'aime tout, mais, tu n'as pas enlevé la peau des tomates et je ne sais pas faire.

Du côté des parents :

- Bizarre ta sauce, c'est quel vinaigre ? il est bien foncé. Ah, c'est du vinaigre balsamique, alors j'aime pas !

- Moi, vraiment je ne supporte plus les tomates crues ! Cuites ça va encore… mais crues…

Passons au plat :

Enfants :

- C'est quoi ces morceaux mous là ?
- Des aubergines
- Alors, je ne mange pas
- Mais, il y a du gras dans la viande ?
- Non, ce sont des petits morceaux de lard
- Veux-pas…
- Moi, je n'aime pas les tomates cuites

Parents :

- C'est quoi cet arrière-goût ?
- Des poivrons
- Ah ! Je me disais bien… alors je préfère ne pas en prendre.
- Est-ce que je peux avoir des pâtes pour les filles car elles n'aimeront pas non plus ! Mais si tu veux, je peux les faire.

Enfin le dessert :

- Je veux fraise comme yaourt !
- J'l'avais dit en premier !
- T'avais dit que t'aimais pas parce qu'il y avait des morceaux !
- Oui, mais je le veux quand même !
- Je n'aime que les crèmes et pas les yaourts…
- En fait, moi aussi je voulais à la fraise, mais il n'en restait qu'un et elle l'a pris, et maintenant elle ne

le finit pas puisqu'il y a des morceaux ! Et elle a déjà mangé dedans…

Et merde !

Mais tout cela dans une très bonne ambiance, qui donne envie de vite passer au café.

- Qui prendra du café ?
- Tu as une tisane ?
- Une tisane à midi ?
- Oui, pourquoi pas ?
- Ben… c'est bizarre, les tisanes c'est plutôt pour le soir !
- Si tu prends une tisane détox le midi, tu purifieras ton corps en allégeant le travail de l'estomac, alors que le soir, l'estomac est à plat et ne bénéficie pas de l'effet détox !
- Ahhhhhhhhhhhhh !!!!!
- Moi, un déca serré
- Pourquoi tu prends un déca serré… tu peux pas prendre un normal allongé ?
- Moi un serré serré
- Il y a quelqu'un qui prendrait un thé avec moi ?
- Quoi, comme thé ?
- J'ai apporté du thé Macha
- Ah ! alors non !
- Personne ne prendrait un petit digestif?
- Tu ne vas pas prendre un digestif, alors qu'on est en vacances ?

- Moi, je vais faire une sieste, je prendrai un café après.
- Papa, à quel âge je pourrai avoir un café ?
- Etc.

Évidemment, ce sont les joies des activités à l'extérieur qui s'imposent durant un mois de vacances. Et Pierre a préparé divers jeux, comme, par exemple la table à trous.

Ce jeu de boules ancien se pratique sur une table inclinée d'environ deux mètres cinquante mètres de long, large d'un petit mètre, sur laquelle 8 trous sont pratiqués, avec dans leur fond deux barrettes en fer qui évitent aux boules de tomber par terre. Chaque trou est doté d'une valeur, et en lançant les boules (en bois) on doit réaliser le meilleur score possible en 6 coups.

- Qui vient faire une partie de passe-trappe ? (nom ancien donné à ce jeu).
- Il fait trop chaud.
- Oh... c'est pas marrant !
- Moi ze veux bien !
- Tu es trop petit, Victor, tu ne vois pas la table
- Ben c'est pas zuste !

Pierre ayant des ressources propose alors :

- Faisons une partie de Palet. Sous les arbres il fait bon !

Pas une voix ne s'élève en écho.

- Eh bien, vu l'enthousiasme général, je vais chez Nono voir s'il a des salades, dit Pierre, résigné.

Nono, c'est le voisin.

Agriculteur en retraite, c'est « le bon sens près de chez vous ». Sa logique est désarmante, solide comme le roc, précédée presque toujours par son affirmation malicieuse : « *Moi, bien sûr, j'suis pas très intelligent, mais…* »

Il a toujours eu un tracteur d'avance.

Astucieux et avant-gardiste, quand ses collègues travaillaient le dimanche, lui, il jouait au foot. Hyperorganisé (sous une nonchalance simulée) il ne manquait pas d'être critiqué, comme tous ceux qui trouvent des adaptations aux différents contextes de la vie.

Pierre l'adore, et il prend toujours un plaisir extrême à bavarder avec lui, et respirer ainsi la sagesse de plus en plus distante de ce joli monde.

- Mais, Pierre, à cette heure-là il fait la sieste, Nono ! Lui fit remarquer Isabelle.
- Mmmouais… eh bien je vais voir s'il y a du courrier.
- Tu ne peux pas te reposer un peu ?
- Tu sais, le repos, je l'ai toute la journée… enfin, presque.

Et Pierre partit vers le portail, pour voir si la factrice était passée.

La factrice, Sandrine, c'est très souvent le rayon de soleil en plus.

Une jolie femme d'un pur blond vénitien, souriante et efficace.

Et qui, de surcroît, distribue le courrier.

Ce qui souvent n'était pas le cas lorsqu'elle était en vacances ou souffrante.

Dans ces périodes-là, l'aventure ne faisait que commencer. Courrier du matin, vers seize heures, ou le lendemain si le passage était supprimé. Ou en masse, après quelques jours de stockage au centre. Rationalisation de l'effort.

XIII

Les jours de fortes chaleurs, la piscine est la bienvenue.

Mais pas trop tôt, car le revêtement de la margelle est absolument brûlant.

Il est possible d'installer des parasols autour du bassin, mais même avec cette protection, la température est encore trop intense.

Par conséquent, c'est dans la maison que tout se passe.

Il y a ceux qui lisent.

Ceux qui jouent aux dames chinoises, aux dames tout court, ou aux échecs.

Ceux qui regardent un film.

Et ceux qui cherchent ce qu'ils pourraient bien faire. Pour ce dernier scénario ce sont bien sûr les enfants qui sont les acteurs principaux.

Dans un premier temps ils se retrouvent dans la cuisine où Dorix, Gérard, Isabelle et parfois d'autres… remplissent le lave-vaisselle, rangent les accessoires du déjeuner, ou passent le coup de balai indispensable au minimum syndical.

Dans cette pièce, une règle est imposée aux jeunes : pas de jouets.

Ceux-ci doivent rester cantonnés dans la salle de jeux, les chambres, et éventuellement le salon, selon la nature du jeu en question.

Pourtant une question fuse :

- Est-ce que je peux apporter le landau dans la cuisine, avant d'aller dehors ?
- Si c'est pour aller dehors, bien sûr, tu peux passer.
- Une demi-heure après, le landau est à côté de l'évier, la poupée par terre sous la table, tandis que le matelas est, lui, sur la table !

Il faut également prendre garde à ne pas glisser, car un inconscient ayant ingénument accordé un droit de passage en cuisine, un petit monstre a commencé un puzzle sur le sol, plaçant quelques pièces, avant de les abandonner sur place.

Cet abandon se justifie par une visite sur Google pour voir si un tutoriel « puzzelier » n'existerait pas pour ce genre de casse-tête, devenu soudain inhumain.

Et puis il y a les épreuves, dites de force !

Celles que pratiquent avec inconscience Karine, Silvia et Mathilde :

- Et si l'on faisait une ou deux pages de devoirs de vacances avant d'aller à la piscine ?

Là, c'est Watterloo, la retraite de Russie, ou un match retour du PSG face à une remontada de l'adversaire : un désastre !

Si les enfants, développant leurs arguments pour éviter cette tragédie personnelle qui leur est soudain proposée, avaient une imagination aussi débordante pour leurs devoirs de composition française (oups ! là on utilise un nom de matière que les moins de trente ans ne peuvent pas connaître) nous n'aurions que des futurs prix Nobel de littérature.

Dans les cas où les plaidoiries ne convainquent pas, la jeunesse opprimée crée alors son Fort Chabrol, installé dans les chambres de chacun, où les lits qui, s'ils ont déjà été faits le matin, sont à nouveau défaits pour se mettre aux abris.

Rien ne pourra déloger les insurgés, même un déluge d'annonces de sanctions (qui de toute façon ne seraient pas appliquées) et pour lesquelles les parents déploient, en vain, des prodiges d'imagination annonçant une apocalypse prochaine.

Puis vient l'heure où le mercure descend enfin sous les quatre-vingt-dix degrés...

Farenheit ou Celsius on ne sait plus très bien, tant l'accablement de ceux qui ont osé mettre un orteil dehors fait peine à voir.

C'est l'heure, si l'on en croit les médias, où l'on sort de l'enfer.

L'heure où, en paraphrasant Jack Lang, on va pouvoir passer de l'ombre à la lumière...

La piscine va pouvoir recevoir ses naïades et ses Apollons.

Une aubaine toutefois pour la piscine: tous ne souhaitent pas se baigner.

Guère plus de dix dans l'eau, ce qui, malgré tout, représente une affluence correcte, surtout quand, sur les dix, les enfants sont majoritaires.

Tous occupent le lieu à leur façon: en plongeant, sous l'eau, en barbotant, en arrosant son voisin, en hurlant, en chevauchant une bouée, en lançant un ballon ou d'autres objets, en chantant à tue-tête, mais avec pour logique conséquence la baisse irrémédiable du niveau d'eau.

Pierre était toujours étonné de voir comment une très grande partie des soixante-dix mètres cubes de liquide pouvait aussi vite passer du bassin à la margelle.

Avec les problèmes de sécheresse, l'eau était rationnée, en particulier pour le remplissage des piscines. Aussi, en voyant, dès les premiers jours « l'évaporation galopante » il se dit qu'il était peut-être prudent de calmer tout ce joli monde.

Lors de sa mise en garde générale, il se vit noyé, (si l'on peut dire), par les dénégations unanimes :

- Mais on n'aura qu'à remplir la nuit.
- Comment veux-tu que l'on sache que c'est pour la piscine que tu as consommé de l'eau.
- L'eau est sur la margelle, elle va recouler dans le bassin.
- Le niveau a baissé parce que tu n'as pas couvert cette nuit, d'ailleurs tu as vu malgré la chaleur, elle est descendue à vingt-neuf au lieu de trente, c'est la preuve.
- Ce n'est pas pour quelques litres d'eau qu'ils vont en faire un plat, ils feraient mieux de demander aux agriculteurs de ne pas arroser leurs champs de maïs en pleine chaleur ! ça c'est lamentable !

Pierre aurait pu aussi argumenter sur le prix du mètre cube qui avait augmenté en deux ans de façon exponentielle, mais cela aurait-il servi à quelque chose ?

Il préféra hocher la tête, et à son tour s'allonger, avec le dernier livre de Catherine Ney… en se disant qu'après tout, quinze jours, ce serait vite passé.

XIV

- Mamy, est-ce que je peux manger avec mon kimono ?

Camille s'était levée tôt et était venue au petit-déjeuner avec le joli kimono jaune qu'Isabelle lui avait confectionné avec des tissus de récupération en pure soie.

- Il vaudrait mieux que tu restes en pyjama. Tu risques de le salir si tu renverses du chocolat dessus.
- Oh, Maman ! Elle n'a plus trois ans ! il faut lui faire confiance.

Isabelle trouva sa fille bien optimiste, les expériences précédentes ne s'étant pas soldées par de francs succès. Bien évidemment Camille sauta sur l'occasion, et, en effet, comme elle n'avait plus trois ans, elle s'installa en kimono à la table.

Le bol de chocolat s'installa lui aussi à table, apporté par Mathilde, mais visiblement ne s'y trouva pas bien, puisqu'instantanément il atterrit sur les genoux de Camille… et sur le kimono.

Heureusement le chocolat était froid.

Isabelle ne fit aucun commentaire, et d'ailleurs quel commentaire apporter ?

La journée promettait d'être active, car lors d'une promenade la veille, Nicolas avait repéré que des mûres étaient déjà noires !

En début août, c'était exceptionnel et dû certainement à la chaleur. Tous en étaient étonnés, imaginant que la sécheresse allait au contraire les sécher sur pied.

Il fut donc décidé que le milieu de la matinée serait le moment idéal pour la première expédition, consacrée à la reconnaissance de lieux et à la cueillette, le cas échéant.

Le voyage se ferait en deux voitures avec Mathilde, Alexandre, Chloé, Camille, Silvia, Karine, Pierre, et Isabelle. C'est cette dernière qui, bien sûr, serait chargée de transformer ensuite le butin en gelée, véritable délice dont elle avait le secret.

Les autres, eux, resteraient à la maison pour vaquer à différentes tâches, dont un coup de main à Gérard qui entreprenait le nettoyage des volets, avant, pensait-il, une remise en peinture.

Cette dernière hypothèse n'était absolument pas envisagée par Pierre qui gardait le souvenir de la dernière expérience du genre, il y avait quatre années, où le nombre de litres de peinture avait été trois fois plus important que les prévisions les plus pessimistes.

Mais, en revanche, il fallait le reconnaître, l'épaisseur du produit sur les vingt-huit paires de volets que comptait la maison, avait protégé les bois au-delà de toute espérance, et un « coup d'éponge et de lessive douce », suffirait donc largement cette année, pour le maître de maison.

À dix heures trente, les deux véhicules conduits par Mathilde et Pierre, partaient en direction du secteur qui, l'an dernier, s'était avéré particulièrement productif.

À proximité du champ d'éoliennes, les haies étaient encore bien présentes cette année.

Il faut dire que la période où les agriculteurs, à la faveur des remembrements, supprimaient ces milieux naturels coupant le vent semblait révolue, et c'était tant mieux pour la nature, et… pour les chasseurs de mûres.

Les sacs étaient distribués pour chacun, et l'on se donna une heure et demie avant de se retrouver aux voitures. Certains partiraient en avant, d'autres en arrière, les uns resteraient sur le chemin, les autres iraient derrière les haies, côté champs, si bien que la théorie du « que le meilleur gagne » s'imposait.

Un vent léger soufflait, et les pales des gigantesques *tours infernales* tournaient.

Pierre songeait à ceux qui niaient toute nuisance de ces appareils, lors de débats animés, et à Lecorneau en particulier, regrettant qu'il ne soit pas là pour entendre le sifflement horripilant que produisaient ces nouveaux moulins à vent que Don Quichotte aurait, avec raison, combattus.

Celles-ci étaient à la distance légale des habitations d'un petit village, mais pour l'une des habitantes, à certaines heures, un aspect calamiteux s'ajoutait au bruit : les pales passant devant les rayons du soleil produisaient des effets stroboscopiques dans son habitation.

Face à ses protestations, il lui avait été répondu par les responsables du parc « *la nuisance ne se passant que dans la cuisine et une partie du salon, seulement les jours de soleil (qui plus est), et moins de deux heures par jour, cela ne pouvait être considéré comme une gêne majeure* ».

Donc, la vie était belle !

Pierre aperçut Camille qui fonçait vers le champ de tournesols. Il s'enquit de savoir pourquoi elle partait par-là, et elle lui cria :

- Je vais rejoindre maman !
- Mais qu'est-ce que fait ta mère dans les tournesols ?
- Elle cueille des graines !

Une nouvelle potion magique était vraisemblablement en préparation dans l'esprit verdissant de sa fille.

Les mûres étaient nombreuses et énormes par rapport aux années précédentes.

Quand toute la troupe viendra, ce sera une véritable moisson, permettant de faire des pots de gelée pour toute la famille durant les mois à venir.

Après une heure de reconnaissance et de ramassage, il était temps de battre le rappel et de rentrer.

Deux petits coups de klaxon furent suffisants pour voir s'arracher de la nature, les Lefebvre et compagnie, et revenir vers les voitures.

Enfin presque tous, car Camille manquait à l'appel.

- Elle est partie te rejoindre dans les tournesols, m'a-t-elle dit.
- Mais qu'est-ce que tu veux que je fasse dans les tournesols ?
- Cela me paraissait plausible que tu cueilles des graines.
- Et pour cela il faut que je rentre dans le champ, alors qu'il y en a plein sur le bord du chemin ?

Toute discussion étant stérile, il était urgent de retrouver la gamine, qui devait se trouver on ne sait où, vu que les tiges et les fleurs la dépassaient largement.

Il fut décidé que chacun s'écarterait d'une bonne vingtaine de mètres, et marcherait tout droit. On ratisserait ainsi sur près de deux cents mètres en face, en l'appelant.

- Je pourrais aller chercher Papa et qu'il vienne avec son drone.

Chacun s'extasia sur cette excellente idée d'Alexandre.

Il pratiquait la conduite accompagnée, et fort bien, mais aujourd'hui, Mathilde, folle d'inquiétude, n'était pas en état de partir avec lui. Pour parcourir les trois kilomètres, il ferait cela seul, sans soucis.

L'aîné se dirigea donc vers la 5008, pour chercher le père de la peste du jour, et son drone.

- Enfin, Papa, dit Mathilde, tu ne l'as pas empêchée de partir comme cela ?
- Je te rappelle quand même que c'est ta fille et que tu peux t'en occuper aussi, et de plus…

Pierre s'interrompit car le klaxon de la 5008 résonna. Tous se tournèrent pour voir Camille, à côté de la voiture, tranquille comme si de rien n'était.

Alexandre sortit du véhicule et rejoignit, furieux, le groupe :

- Elle était dans la voiture, elle jouait avec son IPad. Tu ne pouvais pas sortir quand on t'appelait, crétine ?
- Ben quoi, je ne savais pas que vous me cherchiez.
- Non, quand on crie Camille, c'est parce que l'on cherche Chloé !

Alexandre fulminait contre sa petite sœur, mais il était aussi certainement furieux d'avoir manqué sa première sortie de conducteur en solitaire.

L'essentiel étant de l'avoir retrouvée, la discussion prit fin. Et la cohorte s'en repartit vers la maison.

Le repas du midi, préparé par Dorix, se devait d'être léger, car le soir serait l'un des moments gastronomiquement forts des vacances : le canard !

Après un épisode de grippe aviaire, (*encore un de plus*) il avait été de nouveau possible de retrouver chez le fournisseur officiel de la maison, *la maison de Charente à Tusson,* la bête qui serait capable de rassasier seize personnes.

Mais comme cette bête n'existe pas, surtout lorsque dans les seize, en plus des enfants, il y a de TRÈS gros amateurs… Deux sont nécessaires, et des canards-mulard de surcroît.

Pierre n'avait pas manqué de rappeler que le canard mulard, stérile, est un hybride issu de deux races, la plupart du temps réservé pour le foie gras.

Et comme chaque année les clins d'œil des plus vieux s'échangeaient sur le thème « il y avait longtemps que l'on n'avait entendu l'histoire du mulard ».

Cette fois, les deux canards pesaient quatre kilos cinq chacun.

Ils seraient cuits, comme d'habitude depuis quatre ans, dans le grand barbecue en pierres, à la chinoise (comme disait Pierre) c'est-à-dire à la broche.

Et ce rituel demandait une concentration extrême pour le maître de maison, qui s'inquiétait toujours de la disponibilité des ingrédients indispensables à sa recette.

Et ce jour-là, c'est le gingembre en poudre qui avait été oublié sur la liste des courses !

- C'est quand même incroyable ! On ne peut pas dire que je demande grand-chose dans cette maison ! Cette recette, qui est immuable, nécessite des éléments fondamentaux. Elle ne s'improvise pas !

Isabelle qui, évidemment, prit pour elle cet oubli impardonnable, jugea bon de préciser qu'elle, elle ne préparait jamais deux fois la même recette, et qu'elle faisait tout au juger et à l'inspiration.

- C'est bien ça qui nous différencie. Moi, je travaille, toi, tu badines !
- Si toi tu vois les choses comme cela, moi je dirai que toi, tu besognes et que moi je « *sublimise* ».
- Et bien justement, tu pourrais peut-être « *sublimiser* » quelqu'un pour aller chercher du gingembre ?

Oui, mais voilà, Maxime nettoyait le spa (on se demande pourquoi, puisque Pierre l'avait fait la semaine précédente), Richard nettoyait sa voiture, Nicolas n'avait pas son permis, Mathilde préparait ses affaires pour que, quand la chaleur diminuerait, elle puisse s'adonner au footing, les enfants étaient gardés dans la piscine par Karine, restaient Dorix et Gérard, qui se reposaient, après un début de journée bien rempli.

- Moi, dit Isabelle, j'ai les smoothies à préparer, ensuite avec Dorix je dois couper les pommes et les pommes de terre.
- Bon, je vais donc y aller moi-même. C'est ahurissant !

Pierre, en maugréant, sortit la voiture, et partit au Super U, toujours distant de sept kilomètres…

Moins de trente minutes tout compris pour l'aller-retour.

Mais en revenant, la Hyundai se trouva nez à nez au portail avec la 5008 et Maxime au volant.

- Tu sors, Maxime ?
- Oui je vais chercher l'Équipe chez Super U, je ne peux pas l'avoir sur internet, et je veux connaître les résultats de la journée d'hier aux championnats d'athlétisme.

Pierre ne dit rien…

Il recula la voiture pour laisser sortir Maxime, et une fois la vitre remontée, laissa échapper son : « là, vraiment, j'peux plus ! » porté au paroxysme.

Maintenant, place aux canards à embrocher, à la préparation de *l'onguent culinaire,* dont on va enduire les palmipèdes, et, en avant pour deux très bonnes heures de cuisson.

Il est dix-sept heures. On pourra passer à table vers vingt, après le traditionnel apéritif.

C'est le moment ou Maureen et Chloé veulent aller faire du vélo.

Mais sans Camille, parce qu'elle n'écoute rien, et roule en zigzag. Et sans Adrien parce que Camille ne comprendrait pas.

Karine et Silvia disent que ce n'est pas bien, et qu'elles doivent prendre les petits avec elle.

- Alors dans ce cas, on n'y va pas.

Et elles repartent déposer les vélos dans le garage.

- Et si nous y allions, nous, dit Karine à Silvia ?

- Bonne idée ! Tu viens Mathilde ?
- Oui, mais je prends le vélo électrique.

Richard, qui écoutait à côté, lui fait remarquer que ce n'est pas bon pour la planète le vélo électrique, car la batterie est en lithium.

- Occupe-toi donc de ta batterie de voiture !

Isabelle de la cuisine, qui a entendu les conversations regrette « *un peu* » que les filles ne l'aident pas dans la coupe des pommes de terre et des pommes, (qu'elle a commencé à éplucher, et que Victor, en embuscade, mange au fur et à mesure, en disant que c'est très bon).

- Non, laissez-les partir Madame Lefebvre, dit Dorix qui vient d'arriver, on va faire cela tous les trois avec Gérard.
- Dis, Mamy, tu vas aussi faire des frites ?

Chloé a toujours le don de poser les questions simples qui donnent envie de mordre, mais Isabelle, qui en a entendu d'autres, répond tranquillement que Papy fait les garnitures prévues, dont on vient de parler.

- C'est dommage qu'il ne fasse pas de frites.

Au mot frites, Victor réagit et approuve :

- Oui, *S*'est une *Super* idée, ze trouve *za* bien.
- Oui, peut-être, mais c'est quand même non !
- Ben *S*'est pas Zuste !

Pierre multiplie les allers-retours entre la cuisine et le barbecue, faisant remarquer que le nombre de kilomètres que l'on fait à pied dans cette maison est invraisemblable, en ayant toujours, comme par hasard, besoin de l'ustensile ou de l'ingrédient qui manque.

- Quand est-ce qu'on mange ? Dit Camille.

- Tu viens de goûter ! Lui dit Isabelle.
- Oui, mais j'ai encore faim.
- Tien, prend un morceau de pomme.
- Non, j'aime pas ça !
- Je vais lui donner du gâteau au coco, il en reste de ce midi.
- Non, Dorix, il est dix-huit heures maintenant, elle ne mangera plus à table.
- Oh ! C'est juste un petit morceau, je vais le chercher.
- Pour moi au*SSi !*

Pierre retourna au barbecue…

Le barbecue a merveilleusement chauffé ! Tellement bien que les canards risquent d'être trop cuits si l'on prend l'apéritif. Les canards, cela se mange rosés, ou légèrement plus cuits, mais pas trop ! Ce serait du gâchis.

- On ne prend pas l'apéritif, Pierre ? S'étonna Isabelle. J'avais fait chauffer des morceaux de pizzas et de quiches.
- Enfin, tu n'y penses pas ? Avant le canard, plus personne n'aura faim !
- Oh ! Oui, Mamy, de la pizza et de la quiche, dirent en chœur Camille, Chloé et Maureen. Et puis nous, on n'aime pas le canard.

Pierre retourne au barbecue…

À dix-neuf heures quinze, Pierre demanda que la table soit mise, car on mangerait dans un quart d'heure.

- Déjà, dit Nicolas ? je voulais prendre un spa.
- Tu peux, lui répondit Maxime, j'ai remis la filtration et la température est à trente-six, c'est l'idéal.
- Je ne sais pas pourquoi tu as fait ce nettoyage, je l'avais fait lundi dernier.
- Ah bon ? Personne ne me l'a dit, c'est idiot en effet.
- Quant à toi, Nico, tu peux le prendre demain matin, cela va être trop cuit.
- Même si je ne fais que dix minutes ?
- Ah ! si tu ne fais que dix minutes, je viens avec toi. Dit Richard.
- Oh, bonne idée, alors, moi aussi.

Sur cette illumination soudaine de Maxime…

Pierre retourna au barbecue.

Dix-neuf heures cinquante, tout le monde est à table, et Pierre, Dorix, Gérard, apportent les plats avec les pommes de terre et pommes fruits et les déposent à chaque extrémité de la table.

Les canards trônent au milieu.

Le jus, amoureusement concocté, sera servi après, dans chaque assiette.

À l'une des extrémités de la table, les enfants, qui ne savent pas qu'il en faut pour tout le monde ont déjà vidé un plat.

Protestation générale des adultes.

- Mais, dit Chloé, vous avez un autre plat à l'autre bout !

- Mais nous sommes onze et vous êtes cinq !
- Non, six avec Alex !
- Alex, ce n'est plus un enfant, et, au contraire, on devrait le compter pour deux. Allez ! Remettez dans le plat.

Durant ce temps, sans trop s'énerver, Pierre, Richard, Isabelle et Maxime, découpent les canards, qui, comme les années passées, ont trouvé la parade pour ne pas se faire mettre en morceaux facilement.

C'est à croire que les jointures changent de place tous les ans, car les quatre acteurs du fractionnement, pestent, fulminent, tranchent, tempêtent et maudissent la configuration de la structure du volatile.

- Ça va être froid, dit Karine.

Pierre posa son couteau… soupira en cachette… Et retourna chercher quelque chose au barbecue…

Chacun s'est régalé ! Ce fut laborieux, mais le résultat valait l'effort. D'autant plus que le magnum de Côte-Rôtie qui l'accompagnait fit l'unanimité.

- Je peux sortir de table ? clama Camille après n'avoir mangé que les pommes de terre.
- Non, tu attends le dessert, dit sa mère.
- Ohhhhh ! les smoothies !!! Avec tout ça, j'ai complètement oublié de les faire ! se lamenta Isabelle. Mais il y a de la glace. Qui en veut

Plusieurs mains se levèrent, et vint le choix des parfums.

- Qu'est-ce qu'il y a Mamy ?

Isabelle réfléchit, puis égrena :

- Vanille, chocolat, menthe, abricot, mûres, cassis, banane et coco.
- Moi, ze veux menthe chocolat et vanille.
- Victor, tu laisses parler les autres, s'il te plaît.
- Y a pas fraise ?
- Non, il n'y en a plus.
- Et praliné ? c'était très bon l'année dernière.
- Mais c'était l'année dernière, et cette année, je n'en ai pas Alexandre.
- Bon alors, abricot, banane et coco.

La séance du choix prenant une plage horaire importante, elle ne sera pas, ici, poursuivie plus longtemps.

XV

Vers vingt-deux heures trente, alors que la soirée se poursuivait par une température dépassant encore les vingt-huit degrés, il fut décidé que tous, demain, iraient à nouveau chercher des mûres, y compris Gérard et Dorix. L'endroit où les éclaireurs s'étaient rendus était si fertile et généreux, que toutes ces mains permettraient de réaliser la cueillette du siècle !

Quelques excuses pour ne pas s'y rendre furent bien tentées, mais la majorité eut tôt fait de les balayer, démocratiquement !

Et à dix heures pétantes, les voitures s'élançaient pour cette nouvelle conquête de l'Ouest.

À dix heures vingt les sacs étaient distribués, les gants enfilés pour ceux qui le voulaient, les lieux désignés, Camille briefée pour éviter un nouvel épisode tournesols, et…

C'est alors que le téléphone de Pierre sonna, avec l'inscription au cadran « IMA PROTECT ».

Prestement il répondit, et un interlocuteur lui indiqua une alarme intrusion à son domicile campagne. L'homme précisa que l'intrusion avait lieu à l'étage.

La maison étant équipée d'un système d'alarme avec caméras, Pierre raccrocha et mit en fonction sur son iPhone le tableau présentant les extérieurs de la demeure.

Rien de particulier sur aucune des portes d'accès, et les alentours ne présentaient aucune anomalie, ni véhicule aux abords.

L'alarme étant détectée à l'étage, si intrus il y avait, ce ne pouvait être que par une échelle (ce mode d'accès avait été expérimenté tout dernièrement… avec l'épisode Maureen) mais en scrutant à nouveau les photos, rien de suspect n'apparaissait.

Pierre décida donc d'appeler le voisin, en même temps qu'il montait en voiture avec Richard, Nicolas, et Maxime, pour le cas où l'on rencontrerait… du monde.

Pierrette, la voisine et amie décrocha, et reconnaissant Pierre, lui annonça que son alarme hurlait depuis dix minutes environ et que Nono (son mari) était parti voir… avec son fusil !

Il fallut à peine dix minutes pour arriver devant la maison, ouvrir le portail devant lequel Nono était présent avec un autre voisin, et découvrir… Chloé, en larmes, debout devant la porte du garage duquel elle était sortie.

Tout le monde était censé avoir quitté la maison. Isabelle avait donc fermé et activé l'alarme, comme à chaque fois que l'on partait.

Mais Chloé, elle, avait décidé de ne pas faire partie de l'expédition et était restée dans sa chambre, en se gardant bien de le dire à quiconque.

Quand elle se leva pour prendre son petit-déjeuner, elle sortit dans le couloir où le détecteur la repéra, déclenchant une sonnerie de 110 décibels à l'intérieur, et une autre équivalente sur le toit.

Affolée, assourdie, elle chercha à sortir, mais les portes étaient fermées, sauf celle du garage, fermée, elle, de l'intérieur.

Ce ne fut que lorsqu'elle fut dehors que la sonnerie cessa.

Elle se précipita sur Pierre, et eut une quasi-crise de nerfs, secouée par d'énormes sanglots.

- Je n'entends plus rien Papy, je n'entends plus rien…
- Ce n'est rien ma chérie, cela va revenir. Viens avec moi.

Pierre amena Chloé vers son père qui a son tour la prit dans ses bras, un peu abasourdi par la bourde monumentale qu'ils avaient pu faire en ne s'apercevant pas que leur fille n'était pas partie avec eux.

Les autres revinrent à leur tour, et comprirent rapidement ce qui s'était passé.

Pierre s'approcha de sa fille Mathilde.

Il ne dit pas un mot.

Mais Mathilde venait de comprendre, par le simple regard de son père, que l'on demeure, à tout âge, un enfant qui peut faire une grosse bêtise.

XVI

La partie de pétanque générale est désormais un grand moment convivial.

Les seize sont convoqués pour dix-sept heures, non pas à la fraîche, car la température oscille toujours autour de trente-deux degrés, mais pour le coup d'envoi précis d'un tournoi qui se terminera à dix-neuf heures tout aussi précises.

Les équipes sont tirées au sort, ce qui donne déjà lieu, comme habituellement, à des explications passionnées.

Maureen ne veut pas se retrouver avec Victor, car c'est un petit.

Adrien veut être avec Papy.

Mathilde trouve qu'il fait encore trop chaud.

Nicolas veut être avec Silvia…

- Et moi je voudrais…
- Stop ! dit Pierre. C'est chaque fois la même chose, donc la partie va se passer dorénavant comme cela : les hommes contre les femmes. Nous sommes 8 de chaque côté, et nous, les hommes, nous prenons sans rechigner Victor qui est le plus grand d'entre nous avec ses 5 ans
- Sé pas zuste, ze voulais être avec Papy
- Et bien tu y es, lui dit son frère, tu es avec les hommes.
- Ah, bon !

- En tout cas, Papa, prépare-toi avec des idées comme cela à être dénoncé à la grande prêtresse Sandrine Rousseau
- J'assume ! dit Pierre. En tout cas, maintenant pas de discussions, c'est la nouvelle règle
- Très démocratique comme manière, s'offusqua Mathilde, mais cela n'empêche pas qu'il fait encore trop chaud
- J'ai toujours pratiqué une démocratie avancée, tu le sais ! Et maintenant pour affirmer mon machisme, c'est moi qui lance le cochonnet.
- Mais c'est dégoûtant ! on pourrait tirer au sort !
- Mais nous avons tiré ! et c'est moi qui ai gagné, ma petite Karine.

Et Pierre lança le cochonnet à une petite dizaine de mètres. Suivi du lancer de sa première boule qui vint se placer à deux centimètres du « petit ».

- À vous, Mesdames !

Dorix n'attend pas que les autres se décident, et envoie sa boule à trois mètres au moins de ce qu'elle visait.

Aucune des autres ne fait de commentaires, et c'est Silvia qui lance, en envoyant sa boule entre celle de Dorix et celle de Pierre. Au tour de Camille, qui s'approche un peu plus près, puis Chloé, encore un peu plus près, Isabelle, encore plus près, mais c'est toujours Pierre qui tient.

Mathilde veut pointer… et elle enlève la boule de sa mère qui était en seconde position.

Protestations des autres concurrentes et excuses de Mathilde, qui continue d'affirmer que l'on ne peut pas jouer par une telle chaleur.

Reste Karine qui prend son temps, lance... mais sa boule rebondit sur un malencontreux caillou et se retrouve à plus de trois mètres de la boule de Pierre.

- Eh bien la cause semble déjà entendue, Mesdames, je joue ma deuxième boule et, mes amis, ce sera à vous de poursuivre le massacre !

Et la boule de Pierre vient se loger à quelques centimètres de sa première. Maxime lance ensuite et vient à quelques centimètres également. C'est au tour de Victor, qui regarde derrière en lançant à tout hasard... et la boule vient se coller au cochonnet !

Moment de silence et de stupéfaction parmi l'assistance, et soudain il s'exclame :

- Oh ! la vache !!!

Éclat de rire général consécutif à la réflexion spontanée du plus jeune, et tandis que les autres « masculins » lancent leurs dernières boules, le score devient sans appel de sept points à zéro.

Le deuxième jeu est identique ou presque, puisqu'en deux coups, les treize points gagnants sont atteints, contre zéro pour le clan féminin.

Le triomphe des mâles reste discret, juste quelques phrases amicales et condescendantes, comme celle de Maxime :

- Ce n'est pas vous qui vouliez l'égalité ?

Ou même délicate comme celle de Richard :

- Tu pourras téléphoner à Sandrine Rousseau, pour lui dire qu'on a retrouvé nos couilles !

Isabelle, offusquée !

- Non mais ça va pas Richard, tu es malade ou quoi ?

- Ben quoi, Maman, tu préférerais que je lui propose un barbecue,[2] et même torse nu ?
- Bon, alors Mesdames, Mesdemoiselles : à la cuisine, pour terminer en beauté cette journée sous le signe du machisme !

On ne peut pas dire que cet ajout de Nicolas apporte un climat apaisant, mais en tout cas, cette partie de pétanque a mis les hommes dans une excellente humeur, les réflexions se poursuivant entre eux avec des éclats de rire et des plaisanteries épicées…

La gent féminine semble plus effondrée par l'attitude déplorable de leurs maris que par le score.

- Vraiment des débiles !
- Comprends pas qu'à leur âge, ils en soient encore là !
- Venez, et laissons ces andouilles dans leur ère du vingtième siècle

À la fin de cette journée, il ne fut pas spécialement pris de rendez-vous pour une nouvelle partie.

---

[2] Note de l'auteur : Sandrine Rousseau a déchaîné les passions avec sa phrase « *il faut changer de mentalité pour que manger une entrecôte cuite sur un barbecue ne soit plus un symbole de virilité.* »

XVII

- Dis Papa, je peux prendre ton vélo de course pour aller jusque chez Super U ?

Pierre était tout étonné de voir Nicolas enclin à faire du vélo, seul, même si le fait de ne pas avoir son permis de conduire le contraignait à trouver un substitut pour vaincre sa sédentarité forcée.

- Tu y vas avec Silvia ?
- Non, j'y vais seul
- Tu veux que je t'accompagne ?
- Non, cela me dérouillera les jambes, et faire du sport, c'est essentiel !

Peu habitué à ce discours, Pierre acquiesça, non sans lui rappeler que cela faisait quand même plus de quinze km aller/retour.

- Tu ne veux pas prendre plutôt l'électrique ?
- Non, non, cela va me faire du bien. Et avec ton vélo, ce sera plus facile.

Ce vélo était un vélo que Pierre avait acquis par l'intermédiaire de ses amis les frères Lejeune, figures du tandem sur piste et constructeurs emblématiques du cycle français. Dans les années quatre-vingt ce vélo était un modèle rare, ne pesant que 10 kg, et équipé en Campagnolo, le must de l'époque.

Pierre y tenait tout particulièrement, mais, avec regrets, ne s'en servait pratiquement plus. Exigence due aux années qui passaient et aux performances qu'il aimait réaliser naguère, qui devenaient de plus en plus aléatoires pour ne pas dire impossibles...

- Mets un casque, par prudence !
- Ça va pas ? je roule doucement et je fais attention.
- Comme tu veux.

Pierre comprenait parfaitement son fils, mais il avait été conditionné par Isabelle qui n'acceptait déjà qu'à grand regret de le voir partir seul à vélo.

Elle consentait en dernier recours, sous réserve qu'il mette ce fichu casque.

Précisons aussi que l'un de leurs amis avait fait une grave chute, et était resté handicapé à vie, ce qui eut été évité s'il avait porté une protection.

Ils partirent tous deux vers le garage, et Pierre sortit le vélo rouge, devenu antiquité, en comparaison de ceux qui circulaient aujourd'hui dans les compétitions.

- Gonfle les boyaux, ils en ont besoin
- Tu crois ?
- Certainement ! D'autant qu'il y a longtemps qu'ils n'ont pas roulé, ils peuvent durcir

Les vérifications faites, Pierre regarda partir son fils, avec une pointe de nostalgie.

Il n'y a pas si longtemps, il se revoyait lui apprendre les rudiments de la bicyclette, et courir derrière lui en le tenant, comme lui-même avait appris avec son grand-père.

Chronique du temps qui passe.

Adrien et Victor accouraient à l'annonce du départ de leur père, mais il était déjà loin. Adrien pesta en arguant qu'il aurait pu l'accompagner, et Victor fidèle à ses répliques considéra que ce « n'était pas zuste ».

Les petits étant particulièrement déçus, Pierre leur proposa alors de faire un tour de tracteur-tondeuse. La pelouse était complètement desséchée, mais il savait que cette ballade sur le terrain allait les ravir. Adrien monterait dans la remorque et Victor s'installerait sur les genoux de son papy.

Ce qui fut fait, et les deux garçons n'auraient pas donné leur place. Ce qui était dommage, car Camille voyant l'équipage, arriva en courant, réclamant d'être du voyage. Ce qui était normal.

Pierre s'arrêta, fit grimper la fillette dans la remorque avec Adrien, et redémarra.

Il n'avait pas fait vingt mètres que la cloche résonna, signe d'une nécessité de retour rapide à la maison.

Pas question d'y aller en tracteur, donc il décida de reconduire au garage les 3 enfants, avec la tondeuse et son attelage. Arrêta la machine, retira la clé (on ne sait jamais), et leur demanda de l'attendre.

Il s'agissait certainement d'un coup de téléphone ou d'une question d'un membre de la famille, qui bien évidemment ne pouvait pas attendre.

Arrivé à la cuisine, Dorix lui tendit le téléphone, en lui précisant que c'était Nicolas.

Allons bon, qu'est ce qui lui arrivait ?

- Papa, c'est Nicolas. Je suis à deux cents mètres du super U, mais je suis crevé.

- Tu es crevé, parce que tu as trop pédalé… ou tu es crevé parce que Tu as un boyau à plat ?
- Non, ça allait très bien, mais le pneu arrière est complètement dégonflé.
- Tu as essayé de regonfler ?
- Je n'ai pas de pompe.
- Comment cela, tu n'as pas de pompe ? je l'ai vue tout à l'heure quand tu es monté sur le vélo.
- Où cela ?
- Sur le cadre. Elle est blanche.
- Ah oui ! je ne l'avais pas remarquée.
- Tu sais, c'est souvent sur les vélos que l'on en trouve !
- Oh, c'est malin ! Bon, je vais essayer de regonfler.
- C'est cela. J'attends.

Pierre n'attendit pas longtemps.

- Ça ne rentre pas !
- Qu'est-ce qui ne rentre pas ?
- La pompe !
- Comment ça la pompe ?
- Ben… la pompe, quoi !

Un léger agacement se devinait dans le ton du cycliste amateur.

- Mais tu as mis le raccord ?
- Quel raccord ?
- Celui qui est dans la pompe.
- Il n'y a pas de raccord !

- Si la pompe tenait sur le cadre, c'est qu'il y a forcément un raccord. Sur le haut de la pompe, un genre de petite vis… tu tires dessus…
- Ah ! oui. Je ne l'avais pas vu.
- Parfait. Tu as vu la roue, bien sûr ? Car sur la roue, il y a une valve, que tu dévisses… et tu y visses l'embout.
- Oh, ça va ! ça m'énerve déjà assez comme ça, n'en rajoute pas !

Pierre leva les yeux au ciel, prenant Dorix à témoin. C'est presque lui qui allait se faire engueuler ! On rêve !

- Ça y est. C'est gonflé !
- Sensationnel ! Alors maintenant, tu remontes sur le vélo, tu verras il y a une selle au-dessus du cadre entre les deux roues, tu appuies sur les pédales, que tu devrais trouver…
- Bon, allez ça va, je reviens !
- OK mon fils, et bon retour. La pression tient pour le boyau ?
- Oui, ça a l'air
- Parfait, à tout de suite !

Et il rendit le téléphone à Dorix, avec une petite phrase emprunte d'une certaine lassitude :

- Et il est cadre supérieur ! On imagine les niveaux inférieurs !
- C'est au contraire toujours comme cela les chefs, ils ne comprennent rien aux choses simples. S'ils faisaient confiance à des gens comme moi, cela irait beaucoup mieux !

Dorix, avec son bon sens légendaire, venait de résumer la situation qui pénalisait le « génie français », ou tout du moins, ce que l'on considérait encore dans certains milieux, comme le génie français.

Pierre repartit vers le garage, retrouver les trois vedettes. Durant une fraction de seconde, Il eut un moment d'appréhension, se demandant ce que pouvaient inventer des enfants de cinq à neuf ans, dans un endroit où, a priori, il n'y avait rien qui puisse poser problème, mais le cerveau de cette génération a tôt fait de trouver des ressources cachées dans les objets les plus divers.

Et soudain, il pensa à la citerne de fioul, au fond du garage…

Il accéléra le pas, jusqu'à presque courir, et…

Il les vit tous les 3, sagement assis, visiblement en train de se raconter des histoires.

Il eut un soupir de soulagement, souriant au stress qui l'avait envahi, mais il faut dire que chaque vacance apporte son lot d'épisodes quelque peu agités, et que celle-ci ferait partie de ce que l'on appellera un bon cru.

- Je vous félicite, vous avez été sages ! Alors, en route, on repart !

Les 3 cousin(e)s se levèrent comme un seul homme, (oups, peut-on encore employer cette expression ?) et reprirent les places qui étaient les leurs avant la sonnerie de la cloche.

Il remit la clé, et le moteur démarra de nouveau, pour le plus grand bonheur des voyageurs.

Et la cloche se remit à tinter !

Cette fois, Pierre n'arrêta pas l'engin, et poursuivit en empruntant l'allée qui conduisait à la maison.

Isabelle détestait que l'on procède ainsi, car les pneus creusaient des sillons dans les graviers. Seulement là, il y avait prescription. Deux fois de suite, cela commençait à faire beaucoup et Pierre ne souhaitait pas jouer avec le feu, en laissant seuls à nouveau les enfants.

Dorix tenait à nouveau le téléphone :

- C'est à nouveau Nicolas.

Pierre ne dit pas un mot et saisit le téléphone.

- Papa, c'est encore moi. Je crois que le pneu est vraiment crevé.
- Ce n'est pas un pneu, c'est un boyau !
- Et ça change quoi ?
- Un pneu, ça se répare, un boyau, non
- Alors il vaut mieux avoir des pneus
- Oui, mais là c'est un boyau
- Alors je fais quoi ?
- Que veux-tu faire d'autre à ce que je prenne la voiture et que je vienne te chercher. Tu es où ?
- Au même endroit, au début du centre commercial
- Tu n'as pas bougé depuis tout à l'heure ?
- Non, j'attendais pour voir si le pneu allait se dégonfler
- C'est un boyau !!! Et s'il ne s'était pas dégonflé, tu attendais jusqu'à l'année prochaine ?
- Je voulais être sûr de ne pas prendre la route et me retrouver en rade sur le chemin
- Théorie bizarre… mais enfin… je vais m'adapter ! Je prends la voiture et j'arrive

Et pour le plus grand bonheur de la station-service et de sa pompe de super, qui voyait Pierre beaucoup plus souvent au mois d'août, il reprit la route afin d'aller sauver le naufragé.

Heureusement que le 4x4 indéfectible de bientôt vingt ans, , (que pour rien au monde il ne voulait abandonner au profit d'une autre voiture), avait des sièges qui se rabattaient facilement en vaste plateau, car s'il avait fallu de surcroît, manutentionner, démonter, trafiquer, bidouiller, afin que le vélo rentre dans la voiture, Pierre eut certainement juré beaucoup plus que ce qu'il fit seul durant les nouveaux sept km aller.

Le retour fut plus laconique, tant pour Pierre que pour Nicolas, jusqu'à ce que celui-ci se souvienne soudain qu'il était parti pour chercher des lingettes nettoyantes pour lunettes, et qu'avec toute cette aventure, il revenait sans.

Ce souvenir lui revenant à deux kilomètres de la maison, la réflexion tranchante du père fit que le fils songea qu'il sera peut-être mieux qu'il demande à son frère, le lendemain, de le conduire au magasin.

XVIII

Il est étrange de voir des jours qui s'écoulent sans drames, cataclysmes, sinistres, calamités quelconques, ou épisodes simplement irritants, fâcheux, horripilants, bref, crispants.

Ce fut le cas durant les cinq jours qui suivirent…

Oh, bien sûr, quelques broutilles venaient çà et là rappeler que nous étions quand même dans une collectivité qui avait une âme.

Par exemple, La veille, Victor avait quitté la table du déjeuner en courant, sans un mot, ce qui n'était pas son habitude.

Ceux qui virent la scène s'en étonnèrent, et s'enquirent de ce qu'il lui prenait…

Trop tard, il s'engouffrait déjà dans la cuisine.

L'unique réponse fut la porte qui claqua.

Ne le voyant pas revenir, sa mère se leva pour se rendre à l'intérieur. Pierre l'arrêta d'un « laisse, j'y vais » prétextant la nécessité d'aller chercher les condiments pour accompagner le divin pâté en croûte apporté cette année par Richard, dans le cadre du traditionnel challenge annuel de ce produit, organisé chez les Lefebvre.

C'était chaque fois plus exceptionnel, mais à l'instar d'un chanteur se produisant régulièrement sur la même scène, le réflexe est souvent de trouver que les chansons de la tournée précédente étaient meilleures. Et pour le pâté, il en allait comme pour les mélodies.

D'ailleurs, au moment où Pierre se levait, les premiers commentaires émergeaient pour trouver absolument sublime celui-ci, mais susurrer que, quand même, l'an passé, c'était un morceau d'anthologie…

Il laissa évoluer ce moment « toujours cordial et sympathique » pour le fournisseur de l'année, et, parvenant à la cuisine, il en ouvrit la porte, claquée précipitamment par le petit dernier du clan.

Était-ce le contraste entre le soleil extérieur et la quasi-obscurité du lieu aux volets fermés, qu'un vertige soudain fit glisser le maitre de maison et le projeta contre la table où trônait l'énorme tarte tatin, amoureusement réalisée par Dorix le matin.

Sur son séant, Pierre contemplait le désastre, mais fut soudain saisi d'un autre étourdissement, olfactif celui-là.

Dans la pénombre, il décela ce qui avait provoqué sa glissade : un élément qui eut dû se trouver dans le lieu rallié en hâte par Victor, mais qui visiblement n'avait pu attendre pour s'échapper…

Victor, son petit short sur les chevilles, arrivé le premier sur les lieux étant donné la proximité de sa destination, regardait son papy par terre au milieu des débris du plat et de son contenu.

Un silence gêné s'installa une fraction de seconde, que le bambin rompit par quelques mots, qui interdirent à Pierre tout commentaire :

- Tu zais, Papy, t'inquiète-pas, on va leur dire que z'est un accident pot-pot… !

Dans ce calme ambiant, mais que l'on sait toujours relatif, la chaleur était toujours à son comble.

La léthargie régnait, oscillant entre somnolence des uns, apathie des autres.

On pourrait presque parler d'hibernation si nous étions en hiver.

Cette réflexion, Pierre se la fit, et trouva grâce à Google, (alors qu'il était langoureusement allongé sur le canapé du salon où la température avait pu être conservée à vingt trois degrés) que « l'estivation » était le terme qui s'opposait à l'engourdissement hivernal chez certains animaux. La pratiquaient, certains serpents, les crocodiles, et quelques poissons qui s'enfonçaient dans la vase.

Les DVD et autres Netflix sévissaient. Les repas étaient frugaux, donc sans exigences particulières.
La vie reprenait doucement vers vingt heures, après que quelques téméraires se soient plongés dans la piscine à trente et un degrés, qu'il fallait refroidir… avec la pompe à chaleur, inversée.
On pourrait presque parler de désœuvrement pour des hôtes entraînés par des années d'expérience à des journées plus mouvementées.

Mais, la chaleur accablante a ses paroxysmes et, avec le retour à des normes plus supportables, l'on devait vite retourner dans le raffinement d'un classicisme propre aux réunions de seize personnes qui s'aiment… en ayant toutefois leurs singularités.

Ce fut l'idée d'aller aux Marais Poitevins qui fit rejaillir « le dérèglement du climat… familial ».

- Alors ça, on peut dire que c'est une drôle d'idée !
- Pourquoi ? C'est ombragé, et avec la baisse de la température, cela doit être très agréable !
- Oui, on doit compter dix barques au mètre carré, cela doit en effet être super !
- Pas du tout ! Même les jours de forte affluence, il arrive que l'on ne rencontre personne dans les conches.
- Tu dois confondre avec l'Amazonie !
- Ceux qui ne veulent pas y aller, peuvent rester. Qui veut venir avec nous ?

Cette fulgurance émanait de Mathilde, et l'on peut dire qu'elle ne fut pas d'emblée très partagée.

Silvia toutefois leva la main, arguant du fait qu'elle n'y était jamais allée.

Nicolas jugea que pour les petits ce n'était pas très prudent.

- Tu rigoles, c'est plein d'enfants, et ils ne sont pas tous seuls.
- Ils peuvent facilement tomber…
- Mais pas du tout, surtout les tiens, ils ne bougent pas.
- Moi, je veux quand même être vigilant.
- Je te propose qu'on les attache ensemble, et que l'on installe un mât sur lequel ils seront solidement fixés.

Pierre intervint, voyant plutôt d'un bon œil ce

déplacement, qui aurait l'avantage de changer un peu d'atmosphère.

- On pourrait par exemple partir le matin, déjeuner à Coulon, et passer l'après-midi sur le Marais.
- Déjeuner avec les enfants, ça ne me parait pas l'idée du siècle. Ils ne mangent rien, et ils ne pensent qu'à sortir de table
- Ça, ce n'est pas faux !
- De toute façon, moi je ne veux pas y aller, dit Chloé.

Alexandre immédiatement réagit :

- Tu seras mieux dans ton lit avec ton téléphone, tu as raison
- Moi non plus, ça ne me dit rien, dit Maureen
- Ça m'aurait étonné ! C'est pas les sœurs jumelles, ce sont les cousines iPhone
- Mêle-toi de ce qui te regarde !
- Ça suffit, vous deux, dit Maxime. Moi aussi cela me dit bien. Comme l'a dit Mathilde, n'ont qu'à venir ceux que cela tente, mais ce serait mieux si Silvia, Nicolas et les enfants venaient aussi.
- Nous, on veut y aller reprit Adrien, Papa, tu viens aussi ?

Pierre, en aparté, se rapprocha d'Isabelle, et pendant que s'éternisaient les j'y vais, t'y vas pas, moi aussi, toi non plus, il lui demanda à l'oreille si elle, cela la tentait.

- Je préférerais que nous y allions tous les deux, après les vacances. On se ferait une jolie balade et un déjeuner d'amoureux.

Pierre fondit.

C'était comme un souffle de brise salvatrice en pleine chaleur.

Il imagina immédiatement les deux coupes de champagne, la douzaine d'huîtres pour elle et les langoustines pour lui, la bouteille de…

- Bon alors c'est d'accord. Papa, Maman, vous prendrez Dorix et Gérard, Alex pourra aller aussi avec vous. Et nous, nous prendrons Silvia, Nicolas, Adrien et Victor.

Mathilde avait remis son costume de cheftaine qu'elle avait quelque peu abandonné ces derniers temps, et venait d'organiser le voyage des parents en même temps.

En quelques instants, le champagne s'évapora, la douzaine d'huîtres se referma, quant aux langoustines, elles retournèrent à la Cotinière, d'où Pierre les avait imaginées arriver.

- Et Richard et Karine, hasarda Pierre ?
- Ils vont profiter pour aller à La Rochelle, tous les deux, ça les changera.
- Ah… bon, bien sûr !
- Mais les filles ne vont pas rester toutes seules, s'insurgea Isabelle ?
- Oh, que nous soyons là ou non, de toute façon, leur programme est le même, téléphone, lit, etc.
- Non, je ne suis pas d'accord. Nous ne les laissons pas seules ici. Papa et moi allons rester. Dorix ira avec Gérard, Ils prendront leur voiture et Alex ira avec eux s'il le veut.

Du coin de l'œil, Pierre vit Alexandre se figer.

Il fallait le sauver.

C'est Dorix qui le secourut, sans le savoir, en déclarant que ce n'était pas grave, Gérard et elle, iraient quand ils reviendraient à la Toussaint.

Cette fois-ci, ce furent Isabelle et Pierre qui sursautèrent.

Pas la Toussaint!

C'était le moment où ils aimaient se retrouver tous les deux: l'automne, les châtaignes, les noix, les premiers froids et les feux de cheminées, les journées plus courtes et le billard, abandonné l'été, où Isabelle avait fait de gros progrès.

Ils adoraient Dorix... mais pas à la Toussaint!

- Ça ne vous gêne pas Monsieur Lefebvre?
- Non, pas du tout Dorix, mais je ne sais pas si nous serons là, car nous avons prévu une croisière vers cette date
- Ah, bon, alors ce sera pour l'année prochaine.

Isabelle subrepticement serra la main de Pierre, dans une petite démarche complice.

- Bien, alors c'est entendu, nous irons tous les six.

Mathilde avait clôturé l'affaire qu'elle avait engagée. La boucle étant bouclée, on allait pouvoir passer à autre chose, parce que, Pierre n'en doutait pas, une nouvelle aventure n'allait pas tarder à poindre.

XIX

La nouvelle idée des deux « grandes filles » méritait l'attention :

Soit elle étonnait par son audace.

Soit elle étonnait par sa débilité.

Soit elle étonnait parce qu'elles osaient l'exprimer.

Soit elle étonnait parce qu'elles pensaient que cela pouvait être accepté.

En tout cas elle ne laissait personne indifférent.

- Papy, cette nuit, on voudrait dormir sous la tente dans le jardin.
- La tente ? mais quelle tente ? nous n'avons pas de tente.
- Mais nous la ferons comme nous l'avons fait dans la salle de jeux l'an dernier.

L'année dernière en effet, elles avaient fabriqué une tente avec des couvertures, la housse du canapé d'appoint, des manches à balai, des ficelles, et même une rallonge électrique qu'elles avaient dénudée.

Pierre avait cru attraper une apoplexie.

La salle de jeux (qui est aussi la salle de cinéma) était devenue, avec leur barda, impraticable.

Les fauteuils, utilisés le soir pour les spectateurs, étaient empilés en dépit du bon sens. L'écran rétractable du plafond inexploitable. Un véritable souk !

Avec pertes et fracas, il les avait sommées de tout remettre en ordre, s'attirant d'ailleurs les réflexions de certains, qui considéraient « qu'il fallait bien qu'elles s'amusent ».

Le fait de savoir que dans le parc deux cabanes étaient inutilisées depuis leur installation avait sans aucun doute accentué l'ire du papy.

Quelques années auparavant, en effet, Isabelle et lui avaient acheté, pour un budget non nul, deux cabanes en bois pour enfants, montées sur un genre de pilotis, avec un toit en tuiles d'acier galvanisé, et petites terrasses.

Bref, le must, fait pour durer des années.

Jamais, ou presque, elles n'y avaient mis les pieds, et le « lotissement » servait de remise pour :

- les landaus, avec lesquels elles ne jouaient plus,
- le petit atelier de bricoleur d'Alexandre,
- le petit salon de jardin pour enfants,
- un vieux cheval à bascule en plastique.

En résumé, à rien.

- Je pense que parfois, vous avez tendance à vous moquer du monde ! Vous avez deux cabanes que vous pouvez aménager à votre guise, et vous voulez aller construire un baraquement de Romanichels. Eh bien c'est non !
- Papy, c'est quoi des Romanichels, dit Adrien qui écoutait à proximité.
- Des Romanichels, c'est… on dit aujourd'hui des gens du voyage… c'est cela, c'est l'expression que l'on emploie pour ceux qui se déplacent avec leurs caravanes.

- Comme le cirque qu'il y avait à Ruffec l'an dernier ?
- Oui… enfin, non. Eux, ils n'ont pas de cirque, mais c'est leur façon de vivre, sans domicile fixe. Pour en revenir à votre idée, dit-il en s'adressant aux filles, si vous voulez dormir dehors, ce sont les cabanes ou rien.

Un moment de réflexion et :

- Oui, on est d'accord, hein Chloé ?
- Oui, oui, on va préparer.

Et commença le matin un véritable déménagement, de couettes, d'oreillers, de lampes, de bonbons, de limonade (qui va être fraîche !), une glacière, (après avoir entendu la réflexion précédente), et autres joyeusetés.

Isabelle s'étonna de ce que Pierre ait accepté cette intention, car les moindres mouches, voire moucherons, dans leur chambre, les mettaient déjà dans tous leurs états ! Alors passer la nuit dans la cabane !

- Ne t'inquiète pas, il y a encore presque 12 heures avant qu'elles ne se couchent !
- Mais tu sais très bien qu'elles auront peur et qu'elles vont revenir en pleine nuit, et qu'il va falloir laisser les portes ouvertes, et qu'elles vont réveiller tout le monde, sans compter que…

Pierre l'interrompit.

- Fais-moi confiance, nous n'y sommes pas encore.

Le déjeuner ne tourna qu'autour de la future nuit des deux exploratrices façon Koh-Lanta.

Maxime les félicita même pour leur courage.

- C'est bien les filles. On sent que vous grandissez !

Mathilde, plus perplexe, trouvait néanmoins que c'était une belle expérience pour leur éducation sur la nature.

Karine trouvait cela débile, car, comme Isabelle, elle pensait qu'elles n'iraient jamais au bout.

Ce qui déchaîna un torrent de dénégations des deux intéressées.

Silvia et Nicolas tentaient de calmer Adrien et Victor qui ne comprenaient pas pourquoi ils ne pouvaient pas y aller aussi.

Camille, quant à elle, s'était fait une raison, puisque traitée au tout début de leur projet de différents noms d'oiseaux, lorsqu'elle avait évoqué le fait de pouvoir faire partie de l'aventure.

Au dessert, Pierre attendit un moment de silence pour leur dire de ne pas oublier de prendre un insecticide pour les mouches qui pourraient s'infiltrer, ou même les petites araignées.

- Parce que tu crois qu'elles peuvent passer ?
- Non, ce n'est pas certain, mais regardez, dans vos chambres, c'est pourtant bien fermé, et elles arrivent à se trouver une ouverture.

Mutisme des deux aventurières de l'impossible.

Et le dessert se poursuivit.

Au moment où l'autorisation de quitter la table pour la jeunesse intervint, Pierre demanda à Alexandre s'il savait où étaient les tapettes pour les souris qu'ils avaient mises ensemble l'an passé dans le garage à vélos.

- Elles doivent toujours y être Papy.
- Alors il faudrait les rapporter, pour en installer autour des cabanes. Je crois que j'avais gardé des

plus grosses dans le grenier, pour les surmulots. Elles n'ont jamais servi, mais pour ce soir, ce serait mieux de mettre celles-là aussi

Ni Chloé ni Maureen ne réagirent.

Dans l'après-midi, alors que les autres étaient dans, ou autour de la piscine, les deux ados continuaient leurs préparatifs.

Pierre qui vaquait à proximité, soudain appela :

- Venez vite, vite, les garçons venez aussi, regardez ! regardez !

Tous ceux aux alentours accoururent… mais trop tard !

- Qu'est-ce que c'était ? dit Alex
- Un petit orvet ! c'est rare maintenant ! je ne pensais pas qu'on en avait encore ici.
- C'est quoi un orvet ?
- C'est comme un serpent, mais ce n'est pas un serpent. C'est un reptile, certes, mais c'est en fait un lézard sans pattes. Comme les lézards, si on lui coupe la queue, elle continue à avoir sa propre vie, mais c'est pour servir de leurre à ses prédateurs.
- Ne bougez pas il ne doit pas être loin.

Mais l'orvet avait dû bien se cacher, car on ne le revit pas.

Vers dix-huit heures, Pierre alla chez Dorix pour demander à Gérard s'il pourrait les aider le lendemain matin à déplacer un vieux meuble dans le garage, car ils ne seraient pas trop de quatre, vu le poids et l'encombrement de la pièce.

Il se trouva face à Chloé et Maureen qui sortaient, lesquelles parurent curieusement gênées de le voir.

En entrant dans le studio, Dorix riait avec Gérard, et en voyant Pierre, elle mit un doigt sur la bouche en signe de silence.

Après un moment, Dorix expliqua le motif de son hilarité :

- Les filles sont venues me voir pour savoir si je pouvais vous expliquer qu'elles avaient changé d'avis. En fait, elles préfèrent dormir dans leur chambre, mais elles ne savent pas comment vous le dire, vu tout le déménagement qu'elles ont fait depuis ce matin.

Pierre se garda de tous commentaires, réprimant lui aussi une envie de rire, mais il était persuadé que Dorix, fine mouche, avait aussi compris.

Une demi-heure plus tard il recroisa les deux filles qui ramenaient leurs affaires dans la maison.

- Dorix t'a dit ?
- , il paraît que vous préférez rester à la maison ce soir, et que vous irez plutôt demain soir ?
- Euh, oui… enfin on verra
- Pas de problème, comme vous voulez. Mais cela vous oblige à faire des allers-retours entre aujourd'hui et demain ?
- Oui… enfin ce n'est pas grave, on verra demain

Le lendemain, pensant que tout le monde avait oublié, Maureen et Chloé ne reparlèrent de rien. Les autres non plus. Sauf Victor, qui demanda au déjeuner si c'est ce soir qu'elles dormaient dans la cabane.

Personne n'entendit, mais il semble toutefois que Chloé lui ait dit « la ferme ! ».

XX

Maxime travaillait toujours une heure ou deux le matin, tandis que Richard faisait de même, mais l'après-midi.

Un aménagement naturel des horaires qui permettait à chacun d'œuvrer en toute sérénité.

Ils avaient l'un et l'autre choisi une petite butte aménagée dans le parc, sur laquelle étaient installés deux transats en bois et une petite table.

Le lieu avait été dessiné par Isabelle et elle s'était occupée également d'y placer une végétation diverse qui faisait une sorte d'oasis.

L'emplacement était très ombragé, et en retrait du reste des *résidents*.

À part deux écureuils qui considéraient que cet espace était le leur, et qui venaient à quelques mètres observer les intrus, peu allaient dans ce secteur et surtout pas les enfants qui savaient depuis leur plus tendre enfance que toucher aux fleurs ou aux plantations à cet endroit déclencherait les foudres d'Isabelle.

Le boycott du lieu avait donc été la réponse prudente de la petite jeunesse.

Pourtant, un après-midi, les deux « travailleurs » se retrouvèrent ensemble, Maxime ayant été réquisitionné le matin à dix heures pour la visite de courtoisie à Monsieur le Maire, mais aussi à son épouse, qui était une totale inconditionnelle de ses fabrications. Elle ne manquait jamais d'en faire une large publicité auprès des membres du comité des fêtes dont elle était la

Présidente, et qui étaient devenus autant de clients par correspondance.

Aussi se retrouva-t-il sur la butte avec Richard, côte à côte, et, très vite, leur activité s'en ressentit nettement.

Les conversations personnelles prirent en effet largement le pas sur les échanges pro qu'ils avaient habituellement avec leur ordinateur.

Mathilde et Silvia vinrent pourtant troubler cette séance de *réflexions essentielles* pour leur demander s'ils avaient vu Adrien, Camille et Victor ?

- Pas le moins du monde, dirent en chœur les deux forçats du MacBook.
- On ne les a pas vus depuis au moins une heure, et on pensait qu'ils étaient avec vous.
- Même pas aperçus !
- C'est incroyable ! ils ont dû se cacher dans un coin, mais où ?
- Attends, ce n'est quand même pas si grand que l'on puisse les perdre !
- En outre, ajouta Richard, tout est clos et fermé. Vous avez regardé dans le cabanon du potager ?
- Dorix et Isabelle étaient dans le potager pour cueillir les haricots, et rien non plus.
- Désolés, mais on ne sait pas

Considérant que les deux femmes perturbaient ce qui pouvait être l'avenir de leurs entreprises, voire de la France, ils firent ainsi comprendre que l'entretien était clos.

À leur grande surprise, il n'en fut rien, car Mathilde s'offusqua de cette désinvolture.

- Vous pourriez quand même vous bouger les fesses, et nous aider à les trouver !
- Que veux-tu que l'on fasse de plus ? Aller chercher des chiens, et organiser une battue ? Chloé et Maureen sont où ?
- Où veux-tu qu'elles soient ? Dans la chambre avec leurs téléphones !
- Eh bien bougez-les et qu'elles les trouvent !
- Bon d'accord, il n'y a rien à tirer de vous…

Et les deux mamans inquiètes s'en retournèrent vers la maison.

Pierre, qui revenait de quelques courses et d'une longue conversation avec la boulangère, fut mis au courant, et il fit remarquer que l'on aurait pu sonner la cloche !

Ce qui fut fait sur l'instant, sans le moindre résultat.

Cette fois-ci, une petite inquiétude gagna l'ensemble de la famille. Et tous, (sans exception, cette fois) partirent à la recherche des disparus.

La maison fut visitée pièce par pièce, la cave, la piscine et le local technique, les cabanes chéries déjà évoquées plus haut, le garage à vélos, le chalet de jardin et la serre… rien, et toutes les portes extérieures étaient bien fermées.

À seize heures, c'est-à-dire deux heures après que l'on ait remarqué leur absence, on vit arriver, venant visiblement du potager, notre trio, en pleine forme !

Un flot de questions les assaillit, pour ne pas avoir répondu aux appels, sachant que sanctions et réprimandes pourraient tomber après.

- Mais on était cachés dans le potager !

- Nous y sommes allés, vous n'y étiez pas! nous avons appelé, nous avons sonné la cloche...

Camille, la plus loquace, répondait tandis qu'Adrien et Victor s'abritaient derrière leur alerte cousine.

- Nous vous avons vu, mais nous voulions savoir si vous nous trouveriez!
- C'est ahurissant, dit Mathilde, vous ne pensiez pas que nous allions nous inquiéter?
- Et toi, Adrien, tu sais pourtant bien que je m'angoisse vite, compléta Sylvia.

Ne pouvant rien ajouter ni obtenir de plus, devant tant d'inconscience, chacun retourna à ses occupations, ravis tout de même que les garnements soient retrouvés.

Le soir, il est de tradition que, même s'il y a eu un film, Victor ait son histoire avant de s'endormir. Ce soir-là, c'est Mamy Isabelle qui était en charge d'un pur moment de bonheur pour elle, car, étant le plus jeune, Victor participait encore pleinement aux contes et fables qui lui étaient narrés.

Lorsque Ali-baba échappa aux quarante voleurs, il fut l'heure pour Victor de s'endormir, avec l'assurance que Papa et Maman viendraient lui faire le traditionnel bisou.

Mais au moment où Isabelle allait franchir la porte, Victor la rappela:

- Tu sais, Mamy, en fait, on n'était pas *cassé* (caché)!
- Comment? Mais vous faisiez quoi?
- On était parti dans les *Samp*s (champs) pour cueillir des graines de tourneSol.

- Mais vous êtes sortis comment ?
- Camille et Adrien, ils ont ouvert la porte du zardin.
- Mais ce n'est pas possible, elle est barricadée.
- Camille, elle *S*avait ou était la clé, elle avait vu Fernand la prendre dans le mur.

Fernand c'était le jardinier qui s'occupait deux fois par semaine du terrain. Un personnage haut en couleur et souvent complice des enfants quand il était là.

- Et vous êtes partis tout ce temps-là ?
- Ben oui ! Mais moi zé pas aimé Sa les graines de tourne*S*ol !

Isabelle n'en revenait pas. Ils avaient donc ouvert la vieille porte du potager, dont la clé est en effet placée dans une faille du mur de pierres, ils étaient sortis sur la route, avaient parcouru les deux cents mètres qui conduisent aux champs et étaient revenus par le même chemin.

Personne n'avait songé à vérifier cette porte qui ne sert jamais, sauf quand Fernand sort pour couper les herbes qui longent le mur extérieur.

Rétrospectivement, Isabelle s'imagina tout ce qu'il aurait pu arriver à ces trois bouts de chou de cinq à neuf ans, mais se rassura aussi en se disant que cette campagne étant si calme les risques demeuraient minimes.

Isabelle s'empressa d'aller raconter l'histoire à toute la famille (adulte) qui était encore dehors, à profiter d'un peu de fraîcheur, celle-ci ne parvenant pas toutefois pas à faire oublier la journée torride.

Dorix, la première, fit un commentaire :

- Moi, je me doutais bien qu'il y avait quelque chose de pas clair, car j'étais retournée dans le potager, et j'avais regardé partout. Ils ne pouvaient pas s'y cacher, je l'ai dit à Gérard.
- Peu importe, c'est quand même incroyable qu'ils aient pu partir comme cela !

Nicolas était assez remonté, contre ses fils, bien sûr, mais aussi contre ses parents qui laissaient la clé ainsi accessible.

Pierre fit remarquer que le risque zéro n'existait pas et que c'en était une nouvelle preuve !

Ce ne fut hélas pas suffisant pour que la proposition qu'il lança de fêter la fin de la cavale des fugueurs, avec un petit verre de Génépi, (superbe liqueur des Alpes qui aide à digérer), soit acceptée.

Tout le monde partit donc se coucher, sans mot dire.

XXI

Les jours s'écoulaient, la chaleur demeurait, les menus se succédaient, les remarques ou commentaires divers des uns ou des autres se fondaient dans le conformisme ambiant, et déjà, le compte à rebours commençait à s'égrener.

Richard serait le premier à partir.

Peut-être à cause du nombre de jours nécessaires pour rejoindre la capitale avec sa voiture électrique ?

Inutile de dire que, si Pierre donnait cette réflexion en pâture, il s'attirerait les foudres de son fils aîné. Alors il se contenta de dire :

- Tu penses qu'il te faudra combien de temps pour rentrer ?

Ce qui ne fut guère mieux, car Richard trouva cette question idiote, persuadé, à juste titre, que son père persiflait.

En tout cas, il se devait de partir avec une batterie bien chargée, pour n'avoir qu'un seul arrêt à faire sur l'autoroute.

C'est d'ailleurs dans cette perspective qu'au petit-déjeuner il annonça qu'il allait charger la voiture en fin de matinée.

Sa mère trouva cela prématuré, car, comme il emportait les bouteilles de champagne qui lui revenaient, dans le cadre de la commande que son père avait passée pour toute la famille, celles-ci n'allaient pas aimer rester en pleine chaleur l'après-midi.

- Qu'est-ce que cela a à voir ?
- Cela a à voir que l'on annonce encore 38 degrés pour aujourd'hui et que tu peux parfaitement charger la voiture demain matin.
- Je ne vais pas perdre une heure demain matin
- Il te faut tout ce temps ?
- Oui, et encore, si j'ai de la chance. Je préfère m'y prendre avant et être tranquille.
- Mets les pare-soleil, alors !
- Mais je peux mettre la clim, cela ne consomme pas trop.
- Tu ne vas pas mettre la clim toute la journée !
- Pourquoi veux-tu que je mette la clim toute la journée ?
- Parce que ça va être une étuve et ce qui sera à l'intérieur va forcément souffrir, ce qui serait dommage
- Ce sont des voitures qui sont prévues pour tous les pays, et en Afrique par exemple, il fait autrement plus chaud. L'intérieur ne risque rien.
- Si tu le dis, mais moi, je ne tenterai pas le diable.
- Ce que je peux faire, c'est charger ce soir ici, mais je ne parviendrai pas à remplir en totalité
- Je croyais que tu craignais que tout ne tienne pas ?
- Mais si, je suis presque vide.
- Ah bon… Je ne comprends rien à ce que tu me dis.

- Maman, moi non plus je ne comprends rien.

Les autres, qui eux avaient compris le quiproquo, se retenaient pour ne pas éclater de rire. C'était d'ailleurs à se demander si les deux protagonistes ne jouaient pas un sketch à la Raymond Devos. Mais non ! ils auraient d'ailleurs peut-être continué si Nicolas n'était intervenu :

- Maman, l'obsession de Richard c'est la charge de sa voiture, et pas le fait de charger ses bagages et ses bouteilles. Cela, ça toujours été le cadet de ses soucis, vu que c'est Karine qui charge.
- Mais il vient de dire que c'était lui qui…
- Isabelle, arrête, s'il te plaît. Ou tu le fais exprès ?

Cette fois-ci, tous pouffèrent, car cela devenait trop drôle. Sauf pour Isabelle qui se leva, vexée, en déclarant :

- Si je vous fais rire, tant mieux, moi, je vais rire ailleurs.

Cela ne fit qu'accentuer l'hilarité générale.

Pierre suivit sa femme et alla la prendre dans ses bras. Il lui parla à l'oreille, conscient qu'une certaine tension nerveuse, comme chaque année, pouvait apparaître, accentuée cette fois-ci par une canicule épuisante pour tous.

Isabelle rétorqua qu'elle ne voyait pas pourquoi on se moquait toujours d'elle, et Pierre avec une infinie tendresse la cajola.

C'était la rançon d'une vie communautaire que beaucoup traduisaient en « Chicouf » : chic les voilà, ouf ils s'en vont. Pourquoi en serait-il autrement en 2022 que dans les années précédentes ?

Isabelle le regarda, et murmura :

- Tu sais, j'ai hâte que l'on se retrouve tous les deux.
- Ne dis pas de bêtises, tu sais très bien que lundi prochain tu seras un peu perdue
- Oui… mais quand même!

Quand même! Cela eut pu être le mot de la fin, mais voilà, il restait encore quelques jours…!

XXII

Richard préparait son départ.

Il était effectivement allé charger en électricité son véhicule, objet de toutes les précautions énergétiques, à la borne de Bouin.

Et Karine, comme l'avait révélé la veille Nicolas, se chargea de mettre dans le coffre tout ce qu'il fallait remporter : bagages et champagne.

Là où les choses se corsèrent quelque peu, c'est que Nicolas, aussi, avait commandé du champagne. Et qu'il n'allait bien évidemment pas le remonter par le train. Il comptait donc sur le véhicule de son frère pour transporter les quatre caisses du précieux breuvage.

Et cela, Richard ne l'avait pas intégré dans son raisonnement.

Or les choses pour Richard étaient simples : il y avait ce qui était prévu, et le reste.

Et le reste n'existait pas, puisqu'il n'était pas prévu.

C.Q.F.D.

Pour Nicolas, c'était un peu différent.

Il y avait ce qu'il avait prévu.

Et cela ne pouvait pas être différent, puisqu'il l'avait prévu.

Point barre.

Ceci étant établi, Pierre se trouva ainsi au milieu de ses

deux fils qui le prirent à témoin de l'absurdité du raisonnement de l'un ou de l'autre.

Et, effectivement, quatre caisses par le Train… pas facile!

Et, effectivement, quatre caisses supplémentaires qui ramèneront la place disponible pour Maureen à un espace plus que minima, durant un voyage dont la durée pouvait osciller entre quatre heures et… un certain temps (définit de façon aléatoire par les bornes), pas facile!

En conséquence, l'affaire du champagne meubla une bonne partie de la matinée:

- Pierre aidant Karine à loger de plusieurs façons les différents bagages sans parvenir vraiment à trouver la bonne solution.
- Nicolas argumentant auprès de son frère sur les avantages d'avoir une voiture normale, dont la batterie ne tiendrait pas la moitié de la place.
- Richard, rappelant à son frère que s'il avait passé son permis, il pourrait s'acheter la voiture de son choix, même avec une remorque si cela lui faisait plaisir.
- Maxime, demandant à Mathilde pourquoi elle n'avait pas commandé de champagne à son père, car à ce prix-là, c'était un cadeau.
- Mathilde rappelant à Maxime qu'il n'aimait pas le champagne, et qu'ils ne débouchaient jamais une bouteille et qu'elle devrait donc boire seule.
- Dorix, entendant toute cette saga autour du champagne, demandant si elle pourrait en acheter… la prochaine fois.

Et là, Pierre eut l'IDÉE.

- Mais bien sûr Dorix que vous pourrez en avoir, et si vous le voulez, je peux même vous en céder une caisse ou deux sur mon achat de cette année. Et d'ailleurs, à propos, vous ne pourriez pas prendre les caisses de Nicolas ? Il les récupérerait un jour chez vous avec un taxi ?

Dorix, dont la serviabilité et le dévouement à la famille n'était plus à démontrer n'hésita pas, allant même jusqu'à dire qu'elle les déposerait directement chez lui.

Pierre se dit à cet instant précis, en toute modestie, prenant ensuite ses fils, ses belles filles et sa femme à témoin, que c'était des gens comme lui que l'on devrait engager au Quai d'Orsay.

Nous venions donc à peine d'en terminer avec ce drame, qu'un autre naissait dans l'habitacle de la voiture qui allait s'élancer dans les minutes suivantes sur les routes et autoroutes menant à la Capitale : deux mouches s'étaient introduites !

- Alors ça, c'est pas possible ! Vous avez laissé une porte ouverte… et voilà, il y a deux mouches !

Commencèrent alors de longs conciliabules sur la façon de chasser les stupides bestioles, sans les écraser sur les vitres, ou pire, sur les sièges, et bien sûr, sans mettre d'insecticide qui ferait mourir les occupants avant les intruses.

Voir un tel attroupement autour d'une automobile, pour fixer le sort de deux malheureuses créatures infiltrées à l'intérieur, justifierait une étude psychologique du plus haut niveau, menée par une sommité internationale.

Il n'en fut rien, mais en tout cas la décision s'imposa : ouvrir les quatre portes pour que Richard se charge de faire sortir les squatteuses avec de vastes moulinets manuels.

Après de longues minutes d'efforts, et d'injonctions « allez, dehors ! » les insectes indésirables s'étaient échappés.

Embrassades collectives, câlins des filles, promesses de SMS, de WhatsApp, de Facetime de Tictoc et autres réseaux…

Richard, Karine et Maureen pouvaient démarrer.

XXIII

Nicolas, Silvia, Adrien et Victor se préparèrent eux aussi le lendemain matin.

Ils avaient cette fois un TGV à Ruffec, sans arrêt jusqu'à Paris, à onze heures trente.

Cela impliquait un déjeuner dans le TGV, ce qui devint, dans l'esprit de Victor, le plus beau moment des vacances.

Il avait donc défini son menu :

- un sandwich à l'omelette préparé par Papy comme lorsqu'il avait organisé le pique-nique l'année d'avant (la mémoire du petit pour ce détail fit bien sûr fondre Pierre, qui, pour la peine, en fit deux)
- un sandwich au saucisson
- un sandwich au jambon
- et des abricots

Adrien, lui, songeait à la reprise de son entraînement et à son nouvel uniforme d'escrime.

Silvia et Nicolas tentaient de s'accorder sur l'opportunité de prendre, ou de ne pas prendre, une valise supplémentaire, réclamée par Silvia mais repoussée de toutes ses forces par Nicolas, faisant et refaisant l'inventaire de tout ce que l'on pouvait laisser ici, puisque l'on revenait à Noël.

Au moment de l'embarquement dans la Hyundai, Silvia avait pourtant gagné, et l'imposante cargaison remplissait maintenant le coffre du 4x4.

Ne voulant pas imaginer la montée dans le train, la descente, et la course vraisemblablement épique jusqu'au taxi à Montparnasse, Pierre préféra laisser Isabelle prodiguer ses conseils aux enfants pour aider Papa et Maman à porter les bagages, bien fixer leurs sacs à dos, et ne pas oublier le paquet avec le repas.

Victor, au moment de partir, entra dans une grosse crise de larmes, décrétant qu'il voulait rester, que les poules n'auraient plus à manger sans lui, et que, de toute façon, il voulait habiter ici.

Camille et Chloé, (qui avaient déjà écrit onze fois à Maureen pour lui raconter ce qui s'était passé depuis son départ de la veille) étaient présentes pour assister à l'envol de la tribu.

Nouvelles embrassades, (totalement oubliées les précautions Covid). Nouveaux « *à bientôt* » et la voiture prit la direction de la gare.

Pierre Perret dut encore intervenir par CD interposé, avec ses « colonies de vacances » et son « zizi », le risque de voir les enfants restituer leur petit-déjeuner étant devenu très sérieux, dès le démarrage.

La vertu de la musique, à fond, fit merveille, et Pierre pensa qu'après tout, si Adrien et Victor chantaient encore dans le TGV en cas de nouvelle alerte, Silvia et Nicolas, cette fois, lui en sauraient certainement gré.

Il regarda machinalement sa montre : onze heures dix. Il se dit qu'il ne fallait pas traîner. Vingt minutes et il restait une petite dizaine de kilomètres, dont l'entrée dans Poitiers, qui pouvait être chargée…

Poitiers ????

- Mais bordel ! mais qu'est-ce que l'on fout à Poitiers ?

- Papy tu dois un euro !
- Non mon chéri, attends….

Pierre, la voix un peu étranglée, n'en dit pas plus.

Un silence s'établit dans la voiture. Nicolas blêmit. Tous venaient de réaliser que, cette fois, le Train partait de Ruffec et que pour une raison que l'on cherchera à définir plus tard… la voiture était à plus de soixante-dix kilomètres du point d'où elle aurait dû se trouver.

Et le TGV pour Paris venant de Toulouse ne stoppait pas à Poitiers.

Et avoir quatre places en ce retour de quinze août dans un autre train ?

Et le montant qu'il allait falloir débourser, sachant qu'il était trop tard pour annuler les places qui seraient inutilisées.

Et…..

Chacun entre Silvia, Nicolas et Pierre se posait mentalement les mêmes questions.

- Bon, on ne s'affole pas…on va aviser
- Mais enfin Papa, qu'est ce qui t'a pris ?
- Je te propose de traiter cela après… Face à la situation, il faut agir. On va déjà arriver en gare, et là…
- Et là quoi ? Tout va être complet, et avec les p'tits, on…
- S'il te plaît, arrête ! Chaque chose en son temps. Déjà regarde sur *Oui SNCF* quel train existe à partir de midi !
- Mais il n'y aura pas de places !

- Avant de regarder, tu ne peux pas le savoir. Donc : *Oui SNCF*

Nicolas s'exécuta et le verdict tomba :

- Douze heures vingt-huit complet. Treize heures onze complet. Quatorze heures trente et une complet. Seize heures …
- Bon, ça va. On va en gare… de toute façon, il n'y a pas mieux à faire.

Nicolas, pincé, colère contenue, grommela :

- Si tu le dis !

Pierre cette fois entra directement dans le parking plein air, réservé en majorité aux voitures de location. Comme il n'y avait pas de barrière, on verrait plus tard.

Coup de chance, une place non réservée pour Avis ou un autre loueur s'offrait à la Hyundai.

Tout le monde descendit. Les bagages se répartirent. Peu de conversation… mais une vraie efficacité.

Les cent cinquante mètres les séparant du hall furent avalés en quelques minutes. Les quatre se retrouvèrent devant le panneau indicateur, sur lequel quasiment tous les trains affichés étaient notifiés : retard indéterminé.

Et sur l'écran voisin, en rouge l'indication : le TGV 8412 par suite d'un accident matériel étant bloqué en pleine voie entre Bordeaux et Angoulême, le trafic en provenance de Bordeaux est interrompu en direction de Paris.

Pierre n'en croyait pas ses yeux !

- Génial ! s'écria-t-il ! vous vous rendez compte la chance !
- Pas vraiment, continuait de maugréer Nicolas.

- Bon, cherche pas et suis moi…

Pierre fonça avec son fils sur ses basques, vers le guichet des renseignements.

Mais une dizaine de personnes attendait leur tour.

- Va chercher Silvia et les enfants, on monte sur le quai deux !

Le quai deux indiquait un Train en provenance de la Rochelle au départ de douze heures vingt-huit pour Paris.

Tout ce beau monde se retrouva ainsi, avec armes et bagages, au milieu de voyageurs en attente, quand Pierre aperçut un agent SNCF quelques mètres plus loin.

- Bonjour ! Mon fils, sa femme et ses deux enfants doivent ABSOLUMENT se trouver à Paris pour seize heures et ils avaient un TGV à Ruffec à onze heures trente. Quand on a su qu'il était bloqué avant Angoulême, nous sommes venus ici directement en voiture, pour prendre un TGV qui viendrait de la Rochelle n'utilisant donc pas la ligne nouvelle de Bordeaux… Mais on ne peut plus prendre de places sur le site, bien sûr…
- Vous avez les billets ? demanda l'homme encasquetté SNCF.

Nicolas s'exécuta.

- Bon, quand le train arrive, mettez-vous au niveau de la voiture 3, et on va expliquer votre cas au Chef de Bord. On va lui demander de vous laisser monter. Mais vous serez peut-être sur des strapontins dans les sas car le train est complet
- Pas grave ! l'essentiel est qu'ils soient à Paris, c'est pour les petits !

- Ahhh, si c'est pour les enfants, il devrait comprendre

Silvia et Nicolas regardèrent Pierre, assez bluffés par sa « créativité ».

Les choses se déroulèrent comme l'avait pensé ce brave cheminot, les explications logiques de Pierre convainquant sans peine un contrôleur, qui plus est, particulièrement aimable et conciliant.

Dès lors, la troupe put monter en première classe, comme prévu, dans un convoi rejoignant la capitale en une heure dix-huit.... Un trajet réduit laissant pourtant le temps à Victor de manger ses sandwichs, et à Nicolas et Silvia de répondre positivement à Adrien déclarant :

- Quand-même, qu'est-ce que l'on a eu comme chance que Papy se trompe !

Et tout cela sans acquitter le prix de nouveau billets, puisqu'ils avaient les autres titres de transport !

Pierre, sur le trajet du retour, analysant sa bourde, se dit que cette famille allait certainement finir par le rendre chèvre.

XXIV

- Enfin Maxime, c'est toi qui as pris la voiture le dernier la semaine dernière !
- Pas du tout, tu es allée chercher des sacs dans le coffre parce que les confitures de mûres ne tenaient pas dans le carton que t'avait donné ta mère.
- Pas du tout, je n'ai rien pris du tout et le carton n'est même pas chargé.
- Bon, je ne sais plus, mais de toute façon, ça ne résout pas le problème. Elles sont où ces foutues clés ?

Un stress certain marquait toujours les préparatifs de départ du quinté Catalan.

C'était traditionnellement agité, mais cette fois, la perte des clés de la voiture épiçait quelque peu la situation.

Ayant huit heures de route, en comptant les arrêts pipi et repas, Maxime avait jugé que partir vers neuf heures serait raisonnable.

Il était neuf heures quarante-cinq et la voiture n'était pas, et pour cause, chargée.

Pierre et Isabelle, maintenant réduits à deux puisque Dorix et Gérard avaient quitté la maison à 8 heures le matin, s'étaient mobilisés pour chercher dans tous les endroits improbables où l'un des membres de la famille aurait pu « par mégarde » abandonner l'élément essentiel à l'ouverture, puis au démarrage, de la merveilleuse 5008.

Mais rien n'aboutit.

On commençait à réfléchir sur le moyen d'accéder au double resté à la maison, mais l'unanimité ne se faisait pas non plus sur l'endroit où l'on pourrait les trouver là-bas.

Maxime, qui avait un rendez-vous important le lendemain sur place, songeait déjà au train qui allait lui permettre de rejoindre Perpignan suffisamment tôt, mais après vérification, il ne pouvait que compter sur l'avion de Bordeaux.

Pierre et Isabelle proposèrent, à dix heures quinze, de se poser tous autour de la table, enfants compris, et de réfléchir « calmement » au circuit qui aurait pu conduire à la disparition des fameuses clés.

Alexandre ne les avait pas vues, Chloé non plus, Camille pas plus.

Les deux parents pataugeaient.

On n'était guère avancé.

L'inventaire des vêtements portés les derniers jours ne donna aucun élément nouveau, si ce n'est un éclair jaillissant de Maxime concernant son short en jeans, qu'il avait donné à Richard.

Les soucis, (interprétation de Maxime), les écarts diététiques (interprétation de Mathilde), avaient eu pour conséquence une légère prise de poids de Maxime, faisant que ce fameux short était devenu un peu étroit. Richard l'adorant, la cause avait été entendue…

Immédiatement, Maxime se précipita sur son portable pour appeler son beau-frère, qui, par chance, était chez lui.

Le temps pour le père de Maureen de téléphoner à sa femme pour savoir où elle avait rangé le fameux vêtement, le temps d'aller voir dans la commode indiquée, le temps de vérifier dans les poches, on arriva à la conclusion : rien dans les poches.

L'espoir retomba, et il fallut se rendre à l'évidence… on était mal !

Isabelle quitta soudain la table, sans un mot.

Face à l'impasse, le couple décida d'appeler Sahéla, leur employée qui avait les clés de leur maison.

Par téléphone, ils lui indiqueraient plusieurs endroits où elle pourrait chercher le double des fameuses clés, et les enverrait par Chronopost.

- Parce que tu as une idée de l'endroit où…

Maxime s'interrompit.

Isabelle revenait devant eux avec la clé et le porte-clés.

Silence général. Admiration contenue, enthousiasme prêt à exploser :

- Mais elles étaient où ?
- Quand tu as donné le short à Richard, ce devait être il y a trois ou quatre jours ?
- Oui, peut-être.
- Je lançais une lessive et j'ai dit à Richard, donne, je vais le laver et je le donnerai à Karine avant ton départ.
- Oui et alors ?
- Alors, c'est ce que j'ai fait.
- Bon sang ! Et les clés étaient dedans !

- Certainement… j'ai mis une lessive hier avant le départ de Silvia, en me faisant la réflexion qu'il n'y avait pas grand-chose, comparé aux jours précédents, pratiquement exclusivement des sous-vêtements. Quand j'ai vidé le lave-linge, je n'ai rien vu, mais tout à l'heure, je me suis brusquement souvenue que je m'étais étonnée d'un bruit métallique quand la machine fonctionnait, alors qu'il n'y avait aucun textile qui le justifiait. Je n'y avais plus prêté attention… puis voilà, je suis allée à la machine, et dans le caoutchouc derrière le hublot… elles étaient là !
- Isabelle, vous êtes un génie ! s'exclama le gendre.

Et il se précipita en courant vers la voiture pour voir si le séjour à répétition dans l'eau avait endommagé l'électronique.

Ce qui fut hélas le cas, rien ne se produisit à la pression exercée sur le boîtier.

Alors Pierre se leva.

Vint prendre le boîtier, le tripota, et en extrayant une clé plate, s'approcha de la voiture… et ouvrit l'habitacle.

- Alors là, respect ! Pierre, vous êtes un chef !
- Mon petit Maxime, il faut te dire que tu es entré dans une famille exceptionnelle. Mais je n'ai aucun mérite, j'étais tombé un jour en panne de batterie avec la 508, et je ne pouvais pas ouvrir électriquement la porte. Peugeot me donna la combine de la clé dans le boîtier que je ne connaissais évidemment pas non plus, car on ne lit jamais le mode d'emploi. Et nos braves amis de Peugeot ont eu la bonne idée de le faire aussi sur la 5008… avec la petite cavité pour le

démarrage sous le volant. Mais en gros, on s'en fout ! L'essentiel, c'est le résultat.

C'est ainsi que purent partir les derniers membres de « l'équipe de rugby avec son entraîneur », maintenant démantelée.

Il était onze heures quarante.

Après les signes d'au revoir de la main jusqu'à ce que la voiture ait disparu de leur ligne de vision, Isabelle et Pierre refranchirent le portail et allèrent s'asseoir autour de la grande table désertée.

Au-dessus, les colombes gloussaient bêtement dans les pins, le ciel était toujours inexorablement bleu, la chaleur toujours présente mais plus supportable.

Pierre prit sa respiration, et souffla longuement.

- Pourquoi tu souffles comme ça, lui demanda Isabelle ?
- Ben, tu vois… c'est quand même une délivrance !
- Une délivrance ? Pourquoi ? tu ne crois pas que tu exagères ?
- Non, vraiment, je ne crois pas. Tout cela n'est plus de mon âge.
- Tu rigoles, là ?

Il regarda sa femme. Prit un instant, puis biaisa :

- Tu sais que je t'adore !

Elle le regarda, étonnée et silencieuse.

- … Mais, bien sûr que je rigole !

Il culpabilisa devant sa lâcheté, mais il aimait tant Isabelle.

- Ah, je me doutais bien. Dis, tu sais ce que je pense ?
- Non, vas-y.
- Pour l'année prochaine, on pourrait peut-être mettre des stores coulissants électriques autour de la tonnelle. J'ai vu cela sur internet hier. Quand on est tous réunis, le soleil gêne énormément ceux qui l'ont dans les yeux. Le matin d'un côté, et le soir de l'autre. Il faudrait donc en acheter deux. Tu ne trouves pas ?

Pierre cette fois inspira, et ne put retenir :

- Là… vraiment, j'peux plus !

FIN

Achevé d'imprimer en février 2023
sur les presses de la Nouvelle Imprimerie Laballery
58500 Clamecy
Dépôt légal : février 2023
N° d'impression : 302045

Imprimé en France

La Nouvelle Imprimerie Laballery est titulaire de la marque Imprim'Vert®